Michail Krausnick

Historischer Roman

Beruf: Räuber

Von den Untaten der Räuberbanden
des Hölzerlips und Mannefriedrich
im Spessart und Odenwald
und ihrem schrecklichen Ende
in Heidelberg

wellhöfer VERLAG

Wellhöfer Verlag
Ulrich Wellhöfer
Weinbergstraße 26
68259 Mannheim
Tel. 0621/7188167
www.wellhoefer-verlag.de

Titelbild: Michail Krausnick unter Verwendung eines zeitgenössischen
Stiches und eines Bildes von Friedrich Rottmann
Lektorat: Nicole Fieber
Layout und Satz: Bittner-Dokumedia, Hoisdorf

Erstmals erschienen 1978 im Rowohlt Taschenbuch Verlag.

2. Auflage
© 2009 Wellhöfer Verlag, Mannheim

ISBN 978-3-939540-38-0

Michail Krausnick, geboren 1943, studierte Literaturwissenschaft und Soziologie. Er lebt als freier Autor in Neckargemünd und schreibt für Presse, Funk und Fernsehen. Für seine Biographie über Georg Herwegh, »Die eiserne Lerche«, wurde er mit dem Deutschen Jugendliteraturpreis ausgezeichnet. »Beruf: Räuber« erhielt den Wildweibchenpreis der Stadt Reichelsheim.
Weitere Veröffentlichungen: www.krausnick-info.de
e-mail: krausnick@web.de

Bildnachweis: S.8 Privatbesitz Familie Pfister; S.15 Privatbesitz Dr. Jürg Wille; S. 19, 26, 39, 56, 76, 83, 90, 146, 166 aus Ludwig Pfister: »Aktenmäßige Geschichten der Räuberbanden«, Heidelberg 1812. Von Friedrich Rottmann stammen die Bilder auf der Titelseite sowie auf S. 34, 127, 131, 136, 146 (Originale im Kurpfälzischen Museum, Heidelberg); die Bettler-Zinken auf S. 200 u. 2001 aus »Schurke oder Held?«, Katalog Badisches Landesmuseum, Karlsruhe 1995; weitere zeitgenössische Abbildungen aus Druckwerken der Zeit; Karten und Fotos aus dem Archiv des Autors.

Inhalt

»Wir sind notwendig. Gott gibt uns das Dasein, schickt uns in die Welt, auf dass wir die Geizigen, die ungerechten Reichen bestrafen: wir gestalten uns zu einer von Gott ausgehenden Plage. Wozu sollten auch die Richter dienen, wenn wir nicht wären?«
Damian Hessel, ein 1809 verurteilter Räuber im Gespräch mit dem Instructionsrichter

»Es ist schimpflich, eine Börse zu leeren, es ist frech, eine Million zu veruntreuen, aber es ist namenlos groß, eine Krone zu stehlen. Die Schande nimmt ab mit der wachsenden Sünde.«
Räuberexperte Friedrich Schiller (Fiesko)

*Ludwig Aloys Pfister, Stadtdirektor von Heidelberg
(Porträt von Gotthelf Leberecht Gläser)*

Die Hauptpersonen

Dr. Ludwig Aloys Pfister, seit 1810 Untersuchungsrichter und Stadtdirektor von Heidelberg, schrieb »Aktenmäßige Berichte« über die Räuberbanden und genoss als Kriminalist einiges Ansehen. 1819 verlor er das Vertrauen der Heidelberger Bürger, ihm wurde »Bestechlichkeit, Despotismus und überhebliches Verhalten« vorgeworfen. Daraufhin wurde er vom Großherzog von Baden entlassen.

Theophor Dittenberger, evangel. Stadtpfarrer, der zusammen mit Kirchenrat Wolf und Kaplan Holdermann die zum Tode Verurteilten auf die Hinrichtung vorbereitete. Gemeinsam schrieben die drei Seelsorger einen »Bericht über das Verhalten ...« der Hingerichteten an ihren letzten Lebenstagen. Dittenberger war für Mannefriedrich und Andreas Petry zuständig.

Georg Philipp Lang, Spitzname: »Hölzerlips«

Philipp Friedrich Schütz »Mannefriedrich«

Sebastian Lutz »Basti«

Andreas Petry »Köhlers Andres«

Valentin Krämer »Veit« ... sind die fünf als »Hemsbacher Raubmörder« zum Tode verurteilten Räuber ein sechster, der »lange Andres«, konnte nie gefasst werden.

Johann Wild »Schwarzer Peter«, alias Peter Petry ... ehemaliges Mitglied der Schinderhannesbande, hielt sich als Köhler im Odenwald versteckt. Vater von Andreas Petry, seine Tochter Margaretha war die Geliebte des Basti.

Mathias Österlein »Krämer Mathes« ... nicht am Hemsbacher Überfall beteiligt, wurde wegen anderer Straßenräubereien und Diebstähle zum Tode verurteilt.

1. Der Überfall

Aussage des Postreiters am 1.5.1811 vor dem Amte Weinheim

Ich verließ Weinheim gegen 1 Uhr nachts. Wie gewöhnlich hatte ich in dieser unheilvollen Nacht den Postsack nach Heppenheim zu bringen. Es wurde, da sich der Mond verzog, immer dunkler, so dass ich schon in Hemsbach kaum noch den Weg erkennen konnte. Plötzlich aber, da ich mich schon dem Ort Laudenbach näherte, hörte ich eine menschliche Stimme wimmern: »Ach Gott, ach Gott! O wehe!«

Zuerst dachte ich, es wäre ein Unglück geschehen, vielleicht ein Reisewagen umgestürzt und in den Straßengraben gefallen, ging also näher in die Richtung des Jammernden, um gegebenenfalls Hilfe zu bringen. Mit einem Male aber hörte ich ein barsches Rufen: »Geld her oder ich schieße!«, während andere Stimmen schrien: »Durchsucht sie! Zieht sie aus!« Gleichzeitig hörte ich ein fürchterliches Gepolter von fallenden Schlägen, das Geschnaube der Pferde und ein jämmerliches Gezeter: »Ach, lasst uns nur leben! Wir wollen euch ja alles, alles geben, was wir haben!«

Aus Furcht vor der Übermacht der Bösewichter drehte ich um und ritt, so schnell ich konnte, zurück nach Hemsbach und bin mir nunmehr ganz sicher, dass es die gefährlichen Räuber aus dem Odenwalde waren!

Aussage des Schultheiß von Hemsbach am 1.5.1811 vor dem Amte Weinheim:

Ich ließ sogleich Alarm läuten! Die Bürger eilten zusammen, wir bildeten eine Streifmannschaft, holten Laternen und machten uns sogleich auf den Weg in Richtung Laudenbach. Auch unseren Chirurgus ließ ich rufen, falls ärztliche Hilfe vonnöten wäre. Wir waren kaum auf der Bergstraße, als uns schon ein Postillon mit einer leeren Kutsche entgegenkam. Wir fragten nach seinen Reisenden, er stammelte aber nur: »Sie haben uns überfallen, ausgeplündert und geschlagen! Die Passagiere wurden mit Prügeln aus dem Wagen gezerrt und ins Feld gerissen. Ob sie noch leben, weiß ich nicht, es war nichts mehr zu hören und sehen in der Dunkelheit.«

Ich befahl den Postillon, da er verletzt war und vom Blute troff, in den Gasthof des Straußenwirtes. Die Streifmannschaft setzte unverzüglich ihren Weg fort und schon nach kurzer Zeit bot sich unseren Augen ein Bild des Jammers: Die beiden Reisenden in ihren blutigen, zerrissenen Kleidern schleppten sich uns ächzend und stöhnend entgegen, indem sie sich gegenseitig stützten und führten. Während ein Teil der Streife die Suche nach den Verbrechern aufnahm, brachten wir die Bedauernswerten in das Wirtshaus, wo sie von unserem Wundarzte sogleich verbunden wurden. Dabei stellte sich heraus, dass es sich um zwei von der Frankfurter Ostermesse heimreisende Kaufleute handelte: Rudolph Hanhart aus Zürich, 32 Jahre alt, verheiratet, und Jacob Rieter aus Winterthur, 45 Jahre alt, verheiratet, Vater von sechs Kindern.

»Dieser ist so hart geschlagen worden«, erklärte mir der Chirurgus, während er dem Rieter einen Kopfverband anlegte, »dass ich Gefahr für sein Leben befürchten muss. Der andere Kaufmann und der Postillon haben auch Schläge erhalten, doch nicht so brutal und gefährlich. Ich halte es für notwendig, den Doktor aus Weinheim mit stärkenden Mitteln zu rufen.«

Mittlerweile war es Tag geworden und die Streifkommandos kehrten in den Ort zurück. Leider war ihre Suche nur von geringem Erfolg gekrönt. So hatten sie ein Corpus Delicti, einen dicken, blutbefleckten Knüppel aus Buchenholz, insgesamt vier Schuh lang, am Tatort aufgefunden, dazu die mit einem Stemmeisen aufgebrochenen Koffer und Kisten sowie verstreute Kleidungsstücke und Gegenstände. Später entdeckte eine zweite Streife in den Feldern nahe der Chaussee Fußtritte und Spuren, die zunächst in die Weinberge, dann aber in den Odenwald hinaufführten, wo sie sich auf dem Waldboden jedoch verloren. Auch eine frische Feuerstelle wurde gefunden, am so genannten Thaläcker Weg, unweit von Laudenbach, und ebendort ein zweiter blutbefleckter Knüppel.

Am darauf folgenden Tage übernahm der Oberamtmann von Weinheim die kriminaltechnische Untersuchung und befragte die Tatzeugen.

Aussage des Kaufmanns Rudolph Hanhart aus Zürich:

Wir schliefen beide im Wagen, als uns plötzlich ein starkes Gepolter aus dem Schlummer riss. Der Wagen wankte, ächzte und schaukelte hin und her, so wie ein Schiff auf stürmender See. Endlich hielt er stille und ich versuchte hinauszuspringen, erhielt aber im selben Moment einen harten Knüppelschlag auf den Kopf, von welchem ich eine schlimme Gehirnquetschung erlitt. Besinnungslos taumelte ich in den Straßengraben und kam erst, nachdem bereits alles vorüber war, wieder zu mir.

Da hörte ich den Herrn Rieter gar kläglich winseln und stöhnen, so dass ich zu ihm kroch, ihn aufrichtete und auf die Chaussee schleppte, wo uns die Streife aus Hemsbach antraf. Meine Taschen waren leer, meine Kleider zerrissen und an den Fingern fehlten die Ringe. Weiter weiß ich nichts zu sagen.

Johann Jakob Rieter-Graf, aus Winterthur
(1766-1811)
Senior Teilhaber der Firma »Rieter Gebrüdere und Greutter, zum
Rothaus, Baumw. Tücher und Baumwoll, Indiennes, Mouchoirs
bleus etc.«

Dem Opfer des Überfalls wurde ein würdiger Grabstein gesetzt, der noch heute an der Heidelberger Peterskirche zu finden ist. Die Inschrift lautet: »Dem ehrbaren Handelsmann Hans Jacob Rieter aus Winterthur in der Schweitz. Er starb am 5. Mai 1811 an seinen Wunden von Räuber Hand geschlagen. Tief betrauert von Allen die ihn kannten.«

Aussage des Postillons Simon Hoffmann:

Es waren wohl zehn bis zwölf Räuber, die über uns herfielen. Einige trugen blaue Jacken, andere dunkle Mäntel.

Nichtsahnend fuhr ich gerade meines Weges, als plötzlich aus den Hecken von beiden Seiten der Chaussee her zwei wilde Kerls hervorsprangen und meinen Pferden in die Zügel fielen, um sie anzuhalten. Als ihnen das gelungen war, zogen zwei andere Burschen mich vom Kutschbock herunter und schlugen auf mich ein, wie ja die Wunde in meinem Gesicht und auch die Blutflecken in meinen Kleidern beweisen.

»Wenn du nicht stille haltest, schlagen wir dich tot!«, brüllte einer, als ich flehend darum bat, mich doch gehen zu lassen, weil ich selbst nur ein einfacher Mann und ohne Vermögen bin.

Meine beiden Reisenden waren derweil aus der Kutsche herausgesprungen und wollten davonlaufen, wurden aber schon nach wenigen Schritten eingeholt und, obwohl sie sehr lamentierten und alles freiwillig hergeben wollten, endlich zusammengeschlagen. Die Räuber durchwühlten die Kutsche, warfen die Sitzkissen heraus und brachen mit einem schweren Eisen die Truhen und Wagenkästen auf. Sie nahmen, was ihnen raubenswert erschien, schnürten es in Bündel und machten sich rasch wieder davon.

Dies alles hatte nur kurze Zeit gedauert, und plötzlich war ich mit meiner Kutsche und den Pferden allein in der Finsternis, denn von den Reisenden hörte und sah ich nichts mehr. Ich rief mehrmals: »Meine Herren, sind Sie noch da?« aber keiner gab Antwort. Da schauderte mir und ich hielt sie beide für tot. Eilig fuhr ich also gen Hemsbach, um Anzeige zu machen, als mir schon die Laternen des Streifenkommandos entgegen leuchteten. So weit die Protokolle des Amtes Weinheim.

Der Heidelberger Stadtdirektor Dr. Ludwig Pfister, der von jetzt an die Untersuchung übernahm, berichtet über den Fortgang der Ermittlungen:

Am folgenden Tage wurde der schwer verletzte Kaufmann Rieter auf seinen ausdrücklichen Wunsch hin und mit aller nur erdenklichen Vorsicht nach Heidelberg transportiert. Dort wurde er sofort der Behandlung mehrerer berühmter und allgemein verehrter Ärzte übergeben. Es geschah an ihm alles, was Wissenschaft und ärztliche Kunst nur vermochten allein, es war zu spät! Es war alles alles vergebens! Der schwer verwundete Handelsherr Jacob Rieter aus Winterthur verstarb am 5. Mai morgens um 11 Uhr.

An dieser Stelle muss ich eine vom Amte Weinheim vertretene Behauptung mit aller Entschiedenheit zurückweisen. Nach Aussage des behandelnden Wundarztes nämlich hätte sich Rieter vor seiner Reise nach Heidelberg noch munter und gestärkt gezeigt und hätte sich erst auf dem fünfstündigen Transporte weitere Erschütterungen des Gehirns und eine womöglich todbringende Influenza zugezogen. Dazu muss bemerkt werden:

1. Das Großherzoglich Badische Hofgericht zu Mannheim hatte diesem Transport ausdrücklich zugestimmt.

2. Er erfolgte bis Weinheim in einer Sänfte, von dort bis Heidelberg in einer gut hängenden Chaise auf ebener Chaussee. Rieter lag dabei wohl verpackt, also geschützt vor der ungünstigen Witterung, in seinem Bettzeug.

Wozu also die hämisch klingenden Bemerkungen des Amtes Weinheim? Hegt man dort etwa Sympathien für die Verbrecher?

Um aber ganz sicherzugehen, ordneten wir eine anatomische Sektion und Untersuchung des Leichnams an. Befriedigt können wir registrieren, dass das ärztliche Gutachten unsere Auffassung bestätigt, nach welcher der Kaufmann Rieter durch Räuberhand zu Tode kam.

Bei der Obduktion wurde unzweifelhaft festgestellt, dass er eine vulneratio absolute letalis, eine schlechterdings tödliche Verwundung erlitten hatte. Danach scheint es nun gerechtfertigt, fürderhin nicht mehr bloß von einem Überfalle, sondern von einem Morde und damit auch von Raubmördern zu sprechen.

Als Erstem wenden wir uns Veit Krämer zu.

Veit Krämer

Hört itzt mir zu, ihr liebe Leut',
Was kürzlich ist geschehen
Von einem Mann, man nennt ihn Veit,
Der's Spielen tät verstehen:
Zuerst mal mischte er die Kart'
Auf eine ganz besondre Art.
Dann lud er zu dem Spiele sein
Viel Leut' aus andern Ländern ein.

(Aus dem Kartenspiel-Lied des Mannefriedrich)

Aktenmäßiger Bericht, aufgezeichnet vom Heidelberger Stadtdirektor Dr. Ludwig Pfister:

Kurz nach der Beerdigung des verblichenen Kaufmanns, dem unsere Heidelberger Bürgerschaft, vor allem aber die Handelsleute und Honoratioren in feierlicher Stille ein letztes Geleit gegeben hatten, erhielten wir eine erfreuliche Nachricht aus dem Großherzogtum Hessen: In den Babenhausener Wäldern war nämlich eine Rotte wilder Burschen, liederlicher Weibsleute und verwahrloster Kinder beobachtet worden, die sich mit ihren Körben und Bündeln im Grase einer Lichtung um eine Feuerstelle gelagert hatten. Sogleich versammelten sich die Bauern der Umgegend mit Knüppeln und Gewehren, bildeten ein Streifenkommando und griffen rasch und tapfer an.

Die Gaunerfamilien aber ließen in ihrem Schreck alle Habe im Stich und flüchteten in die finsteren Wälder. Nur einer von ihnen konnte zu guter Letzt noch eingefangen werden: ein äußerst verdächtiges Individuum, das sich Valentin Schmitt nannte.

In den von den Gaunern zurückgelassenen Bündeln entdeckte man etliche Kleidungsstücke und Wertgegenstände, die anhand unserer Listen zweifelsfrei als Diebesgut aus dem Hemsbacher Raube identifiziert werden konnten. In den Taschen des gefangenen Gauners fand man ein kostbares Etui und eine Münze, einen Doppel-Louisdor. Schon bald gelang es dem Peinlichen Richter, Herrn Brill aus Darmstadt, der sich mit dem rühmlichsten Eifer der Sache annahm, den Gefangenen zu einem Geständnis zu bewegen: Er gab zu, der in den Gaunerlisten gesuchte Straßenräuber und Dieb Valentin (Veit) Krämer zu sein, und erklärte, dass sein silbernes Etui von einem Überfall bei Hemsbach her stamme.

Diese Nachricht, die wir durch einen reitenden Boten erhielten, beflügelte uns so sehr, dass wir sogleich die Auslieferung des Veit Krämer an das Stadtamt Heidelberg beantragten. Zugleich ersuchten wir den Handelsmann Hanhart, bis zum Eintreffen des Verdächtigen am Neckarstrande zu verweilen und an den Verhören teilzunehmen.

Zwei Tage später war es soweit: Veit Krämer wurde in das Heidelberger Gefängnis überbracht. In seiner Begleitung fand sich noch ein weiterer Vagant, welcher sich Johann Wild nannte, mit seiner Frau und einem siebenjährigen Buben. Diese ebenfalls sehr verdächtige Gaunerfamilie war von den wachsamen Einwohnern des hessischen Dorfes Sickenhofen aufgespürt und überwältigt worden. Ein nicht unbedeutender Fang, wie sich im weiteren Verlaufe der Untersuchung herausstellen sollte.

Doch zuvor sei uns ein kurzer Einschub gestattet, denn neben manchem großen Fisch, wie dem schon lange gesuchten Mathias Österlein (welcher zu Hemsbach allerdings nicht beteiligt war), zappelte bald ein ganzes Meer von kleinen Fischen in unseren weit gespannten Netzen.

Bei unserer groß angelegten Räuberjagd quer durch den ganzen Odenwald, den Spessart und auch in der Wetterau wurden die Vaganten und Gauner in ihren Schlupfwinkeln und Verstecken aufgeschreckt, viele flohen womöglich ganz aus unserem Gebiete. Trotzdem füllten sich unsere Gefängnisse in einem bislang nie gekannten Maße und wir hatten manche schlaflose Nacht, da wir nicht wussten, wie wir all dem vagierenden Gesindel ein sicheres Gewahrsam verschaffen sollten. An einem einzigen Tage waren es sogar mehr als neunzig solcher verworfenen Geschöpfe und wir mussten etliche von ihnen nach Mannheim, Bruchsal und Leimen weiter verschieben.

Wohl selten hatte unsere weltberühmte Stadt solch illustre Gäste. Mäuse- und Maulwurfsfänger, Kesselflicker, Knopfhändler, Scherenschleifer, Taschenspieler, Seiltänzer, Märchenerzähler, Lotterieverkäufer und entlaufene Priester, Deserteure, Krüppel, Betteljuden, Hochstapler, Marktdiebe und Zigeuner gaben sich ein Stelldichein in unseren Mauern und auch ihre Frauen und Beischläferinnen genossen die Heidelberger Gastlichkeit: Wahrsagerinnen, Wäscherinnen, entlaufene Dienstmägde, Diebsgenossinnen, Dirnen, die ihre Liebesdienste an die Männer verkauften, aber auch arme Vagantenfrauen, die sich durch Betteln, Spinnen, Korbflechten und Gelegenheitsarbeiten auf den Feldern und in den Bauernhäusern redlich zu ernähren suchten.

Dies ist die unterste Menschenklasse, der Bodensatz, in dem das Verbrechen wächst. Nur wenige von ihnen konnten als wirkliche Diebe und Räuber erkannt werden. Dennoch muss man viele dieser vagierenden Menschen als kochem ansehen, als Vertraute, Hehler, Wirte und Helfershelfer der Gauner. Es kann, so lesen wir in den »Allgemeinen Justiz- und Polizeiblättern« von 1812, keine Feder beschreiben, wie sehr seit den letzten Kriegs-

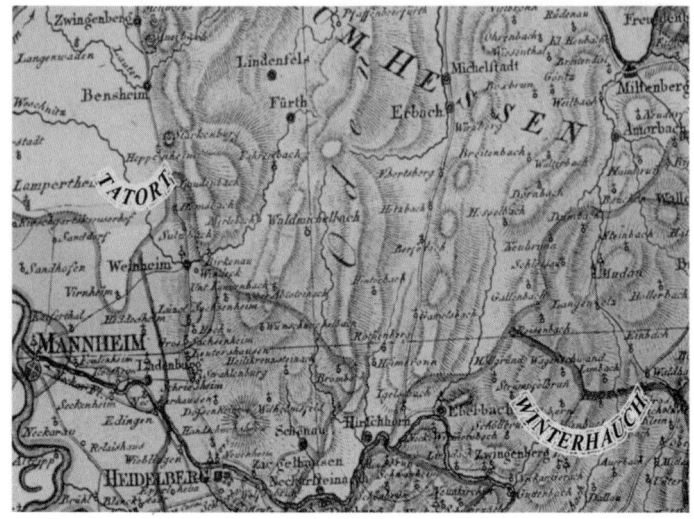

*Tatort zwischen Laudenbach und Hemsbach an der
Bergstraße und der Winterhauch bei Eberbach, das
Rückzugsgebiet der Vaganten um Hölzerlips*

jahren die Zahl der Entwurzelten und Arbeitslosen, der
demoralisierten Menschen, Bettler, Vaganten, Diebe,
Räuber und Mörder zugenommen hat, so dass fast jeder Hausbesitzer, der noch etwas zu verlieren hat, sein
Haus wie eine im Belagerungszustand erklärte Festung
zu schützen versucht.

Als schließlich die Menge der Vaganten all unsere Gefängnisse zu überfluten und die Untersuchungen ins Un-
endliche zu ziehen drohte, beantragten wir eine Sonder-
kommission einzusetzen, welche die Verhöre gegen die
harmloseren Gauner und Vaganten in den Mannheimer
Gefängnissen durchführen sollte. Unserem Antrage wurde allergnädigst stattgegeben, so dass wir uns nunmehr
wieder ungeschmälert der Hauptsache, nämlich dem
Raubmord zwischen Laudenbach und Hemsbach und

somit den wirklichen und gefährlichen Verbrechern, widmen konnten.

Zunächst hielten wir uns an Veit Krämer.

Er ist 22 Jahre alt, im Fuldischen gebürtig und ein Sohn des berüchtigten Zunder-Albert, welcher als fahrender Händler durch die Lande zog. Veit wurde schon früh zum Gaunerleben erzogen; er hat nie eine feste Wohnstätte gehabt. Schon in seinem fünfzehnten Jahre wurde er von seinem Vater zu Einbrüchen mitgenommen und teilte mit ihm die Beute. Zuletzt zog er mit zwei Weibsleuten namens Selser, welche als Bänkelsängerinnen die Messen und Jahrmärkte besuchten, durch die Lande. Beide Frauen sind lebhafte, stets muntere Geschöpfe, die mit ihrem Gesange das zu verdienen suchten, was Veit entweder nicht verdienen konnte oder vertrunken hatte.

Veit Krämer gestand in Heidelberg noch einmal seine Beteiligung am Hemsbacher Raube, während Kaufmann Hanhart seinen Besitz unter den eingelieferten Wertgegenständen wieder erkannte. Um nun ein umfassendes Geständnis zu erhalten, überraschten wir Veit Krämer mit der Mitteilung, dass der zweite Kaufmann an den Folgen des Überfalles gestorben war, so dass er nicht nur als ein Dieb, sondern auch als Mörder vor dem Gerichte stehe.

Unsere Rechnung ging auf, denn mit einem Male begann dieser wilde, steckbrieflich gesuchte Bösewicht wie ein Kind zu weinen und sagte, er habe es nicht gewollt.

»Das lässt sich hinterher leicht sagen«, entgegneten wir. »Aber es ist ja keineswegs Euer einziges Verbrechen, nicht wahr?« »Es ist mir dieses eine Mal schon zu viel. Ich wollte, ich hätte mir ein Bein gebrochen, ehe es dazu kam.«

»Durch ein freimütiges Geständnis«, wandten wir ein und nutzten die augenblickliche Rührung, »kann man zwar den Toten nicht wieder zum Leben erwecken, aber das Gewissen beruhigen und der Gerechtigkeit einen Dienst erweisen.«

Veit Krämer, das sollte sich bald herausstellen, zählt zu jenen Menschen, die, wie man sagt, ihr Herz auf der Zunge führen. Sein Charakter scheint zwar ein Übermaß von Leichtsinn, aber auch ein großes Stück Gutmütigkeit, vielleicht sogar Schwäche zu enthalten. Er kann einer ernstlichen Ermahnung nicht lange, einer gütigen, freundlichen Behandlung aber überhaupt nicht widerstehen.

»Eine Gerechtigkeit kenne ich nicht und auch kein Gewissen. Es soll aber alles herauskommen, weil wir das so nicht gewollt haben. Außer mir waren noch dabei: der Basti, Köhlers Andres, Hölzerlips, der lange Andreas und der Mannefriedrich.« Danach gab uns Veit Krämer eine ausführliche Schilderung des Raubüberfalles und beschrieb das Aussehen und die näheren Verhältnisse seiner Gefährten. So wurde Veit Krämer zu unserem Hauptzeugen, und seiner Wahrheitsliebe haben Hunderte von Gaunern und Vaganten ihre Festnahme, viele sogar ihren Tod zu verdanken.

Wir ließen Veit Krämers Geständnis sowie die Signalements der Mitschuldigen sogleich tausendfach in Druck geben und durch reitende Boten auf dem schnellsten Wege an alle benachbarten und ferneren Regierungen und Ämter ausliefern. Schon am nächsten Tage waren die Steckbriefe der gesuchten Räuber nahezu im gesamten badischen Lande bekannt.

Eine erste Nachricht erreichte uns aus Zwingenberg am Neckar. Ein großherzoglich-hessischer Soldat hatte schon vor Tagen im Höllengrunde bei Strümpfelbronn etliche Kerls mit verdächtigen Bündeln und Taschen beobachtet.

Gemeinsam mit den Bauern der Umgegend war es dem Soldaten gelungen, einen der Kerls herauszugreifen und

in das Gefängnis zu bringen. Die anderen waren davon-
gerannt. Der Gefangene, der sich Schütz nannte, wurde
vom Amtmann zu Zwingenberg verhört, leugnete aber
standhaft. Er kenne keinen der anderen. Das kostbare
Hemd mit dem fremden Namenszeichen, das er am Leibe
trug, habe er von den Entflohenen gekauft. Sofort hatten
wir den allerdringendsten Verdacht und beantragten die
Auslieferung. Leider aber konnte uns das Amt Zwingenberg nur noch das seidene Hemd übersenden, der Gefangene nämlich hatte sich, kein Mensch weiß wie, aus
Ketten und Kerker befreien können.

»Das war der Mannefriedrich!«, lachte Veit Krämer,
als wir ihn befragten. »Von dem wird keiner ein Wort erfahren. Der schweigt wie ein Grab. Das Hemd aber war
sein Beuteanteil aus dem Kutschenraub von Hemsbach.
Wir haben redlich geteilt.«

Der schwarze Peter und die Hölzerlipsbande in Ketten

Die letzten Tage des Mannefriedrich

Bericht des Stadtpfarrers Theophor Dittenberger:

Dienstag, 28. Juli 1812

In Übereinstimmung mit meinen Kollegen, Kaplan Holdermann und Kirchenrat Wolf, halte ich es für meine Pflicht, schon heute zur Feder zu greifen und meinen wahrhaftigen Eindruck von dem sittlichen und religiösen Verhalten der zu Heidelberg gefangenen Verbrecher während ihrer letzten Lebenstage in Form eines Tagebuches niederzuschreiben.

Schon am vergangenen Sonntag, dem 26. Juli, verbreitete sich in der Stadt das Gerücht, dass Seine Königliche Hoheit, der Großherzog von Baden, das Todesurteil über die Raubmörder

Sebastian Lutz	vulgo Basti
Andreas Petry	vulgo Köhlers Andres
Philipp Friedrich Schütz	vulgo Mannefriedrich
Georg Philipp Lang	vulgo Hölzerlips
Mathias Osterlein	vulgo Krämer Mathes
Valentin Krämer	vulgo Veit

allergnädigst bestätigt habe. Noch in derselben Woche, so hörten wir, solle das Urteil auf dem Marktplatze öffentlich verkündet und unmittelbar darauf vor dem Mannheimer Tore durch den Scharfrichter vollzogen werden.

Doch erst am Montag wurden wir aus der quälenden Ungewissheit entlassen. In der Mittagsstunde bat uns Herr Stadtdirektor Pfister, der bekannte Räuberfänger und Untersuchungsrichter, in das Rathaus, um sich – im Vertrauen noch – mit uns über die feierliche Prozedur und unsere Aufgaben dabei zu besprechen. Der feine Menschenkenner hatte eine spezielle Taktik entwickelt:

»Wir wollen die Delinquenten in würdiger Weise auf ihre Exekution vorbereiten. Zunächst empfehle ich deshalb den Seelsorgern, sich noch zurückzuhalten und der Verlesung der Todesurteile fernzubleiben. Ich werde Ihnen Mitteilung geben, sobald sich die erregten und vielleicht verzweifelten Gemüter besänftigt haben. Auch werde ich Sorge tragen, dass die katholischen und die evangelischen Verurteilten jeweils zu zweit in gesonderten Gefängnissen untergebracht werden, und zwar in den Stadttoren. Auf diese Weise wird es möglich, die vielleicht verstockten Herzen der Todeskandidaten zu öffnen und seelsorgerisch zu bearbeiten.«

Wir erklärten uns einverstanden mit dem Plane des Stadtdirektors. Dr. Pfister bestellte Herrn Kirchenrat Wolf und mich für den Nachmittag des folgenden Tages in das Gefängnis im Mannheimer Tore. Hier waren die vier evangelischen Raubmörder, Andreas Petry, Philipp Friedrich Schütz, Georg Philipp Lang und Mathias Österlein, verwahrt, während Sebastian Lutz und Valentin Krämer, die beiden katholischen, eine Zelle im Tore an der alten Brücke teilten.

Die Gefängnisse im Mannheimer Tore waren durch ein helles, geräumiges Aufenthaltszimmer miteinander verbunden. Der Stadtdirektor erwartete uns dort bereits und empfahl aus seiner Menschenkenntnis heraus, dass wir die unterschiedlichen Charaktere und Fähigkeiten der Räuber berücksichtigen und diese in folgender Weise unter uns aufteilen sollten: die Schlimmsten, nämlich den Hölzerlips und den Krämer Mathes, möge Herr Kirchenrat Wolf, Mannefriedrich und Andreas Petry hingegen ich selbst zur Betreuung übernehmen. Mit dieser Wahl und Zusammenstellung waren wir beide hoch zufrieden. Ich für meine Person war nun vor allem auf die erste Begegnung mit dem berüchtigten Mannefriedrich gespannt, den mir der Herr Stadtdirektor als den gebildetsten, manierlichsten und klügsten von allen Räubern geschildert hatte.

Endlich wurde Mannefriedrich hereingeführt. Er war mit einer schweren Eisenkette kreuzweis vom linken Fuß zum rechten Handgelenk geschlossen. Er nickte mir gleich freundlich mit dem Kopfe zu, murmelte dann aber mit spöttischer Miene dem Stadtdirektor zu: »Deo gratias, Herr Direktor, nun danket alle Gott!«

Dr. Pfister schüttelte mahnend den Kopf. »Friedrich Schütz, denkt an den Ernst der Stunde und verzichtet auf die schnöden Witzeleien! Erweist dem Diener Gottes, der Euch auf Euren Tod vorbereiten wird, die gebührende Achtung!«

Mannefriedrichs Lächeln verflog. »Es war nicht so gemeint«, entschuldigte er sich mit gesenktem Blick. Gleich darauf erschien Andreas Petry. Er war erst neunzehn Jahre alt, wirkte keineswegs hässlich und hätte durchaus ein Sohn gutbürgerlicher Eltern sein können; er hatte allerdings einen unruhigen, gehetzten Blick. Auch er war mit einer schweren Eisenkette gefesselt. Mit einem kindischen Grinsen starrte er mich an, bis ihm Dr. Pfister den seelsorgerischen Grund meiner Anwesenheit erklärte.

»Ich will nicht sterben!«, schrie er plötzlich und begann gar jämmerlich zu schluchzen. »Ich glaube an keinen Gott, man hat mich ja nichts von ihm gelehrt, ich mag auch nichts lernen!« Wimmernd warf er sich auf ein Ruhebett, das am Ende des Zimmers bereitstand, trommelte mit der Faust gegen die Polster und wiederholte: »Ich kann nicht! Ich habe allen Respekt vor diesem Herrn, aber ich kann jetzt nichts mehr lernen!«

Der Stadtdirektor hatte in der Zwischenzeit bereits den Besucherraum verlassen. Von nun an war ich allein mit zwei Verbrechern, welche man zum Tode verurteilt hatte. Ich ging zu Andreas Petry und setzte mich zu ihm auf das Bett.

»Ich nehme von Herzen teil an Eurem traurigen Zustande, glaubt mir das! Ich möchte als Mensch und Seelsorger zur Besserung und Beruhigung beitragen und Euch, soweit es in meiner Kraft steht, helfen auf Eurem schweren Gange.«

Ich will es nicht verschweigen: Meine eigene wehmütige Stimmung, der Gedanke an das bevorstehende Ende dieser armen, so tief gesunkenen Kreaturen und der Anblick ihrer schrecklichen eisernen Fesseln, dies alles erschütterte mich so sehr, dass mir die Tränen in die Augen traten.

Mannefriedrich legte mir ebenfalls nicht ohne Rührung seine Hand auf die Schulter. »Ja, ja ... ich seh's! Sie meinen es gut mit uns. Und Sie werden erleben, dass wir gar keine so bösen Menschen sind, wie viele Leute meinen: Denn das Unglück und die Not haben uns so weit gebracht!«

Mechanisch ergriff nun Andreas Petry meine Hand und murmelte: »Ich hab allen Respekt vor Ihnen, Herr Pfarrer, aber wenn ein Gott im Himmel ist, warum hat er's dann zugelassen, dass mich mein Vater von klein auf zum Stehlen angehalten hat und dass ich jetzt auch noch geköpft werden soll in meinen jungen Jahren? Wie ein Vieh bin ich aufgezogen worden und wie ein Vieh muss ich sterben! Ich will auch gar nichts mehr wissen!«

Erneut hatte er sich in Schluchzen und Schreien hineingesteigert. Ich versuchte noch einmal, den Tobenden zu besänftigen, was auch gelang, denn plötzlich ward er still, wandte mir seinen wohlgestalteten Kopf zu und sagte wieder ruhig, aber mit eisiger Trotzeskälte: »Nie mehr, nie will ich etwas lernen!«

Ich erhob mich, eigentümlich erschüttert, und sah, dass Mannefriedrich voller Mitleid auf seinen Kameraden blickte und die Achseln zuckte. »Nun, dann werde ich mich eben zuerst mit dir, Friedrich Schütz, besprechen.«

Ich lud den Mannefriedrich mit einer Handbewegung ein, sich gemeinsam mit mir an den Tisch zu setzen, auf den der Gefängniswärter einen Strauß Feldblumen und eine Kanne frischen Wassers nebst Gläsern gestellt hatte.

»Ich bitte dich nur um Ruhe«, wandte ich mich an Andreas Petry, »wenn du von mir nichts hören magst.« Mannefriedrich hatte sich mir gegenüber an den Tisch gesetzt. Er blickte mir treuherzig ins Auge. Dann zog er sich langsam eine Margerite aus dem Strauß und begann mit eigenartigem Lächeln, an der Blüte zu zupfen.

Andreas Petry erhob sich, ohne mich eines Blickes zu würdigen, ging mit rasselnder Kette zum geöffneten Fenster, lehnte sich hinaus und betrachtete stumm die neugierige Menge, die sich vor dem Mannheimer Tore versammelt hatte.

Ich wandte mich nun Mannefriedrich zu, sprach mit ihm über die Notwendigkeit eines aufrichtigen Vertrauens und erklärte, dass ich ihm trotz seiner Verbrechen ein redlicher Freund sein wolle. »Doch muss ich dich jetzt bitten, mir mit aller Wahrheit zu erzählen, wie du wohl nach und nach in dieses traurige Verhältnis gekommen bist.«

»Die Wahrheit?«, fragte Mannefriedrich und legte seine gefesselte Hand auf den Tisch. Ich nickte ihm aufmunternd zu. »Ich würde sie gern einmal erzählen, die reine Wahrheit, einem einzigen Menschen alles, was ich getan habe.«

»Es wird dein Gewissen erleichtern, bestimmt!«

»Aber die Wahrheit, Herr Pfarrer, wem hilft die? Veit Krämer hat sie gesagt – kommt er dafür in den Himmel? Die reine Wahrheit ist eine blutige Wahrheit geworden – und nur eines ist gewiss: dass wir alle unter das Schwert kommen!«

»So lautet das Urteil der irdischen Richter, Friedrich Schütz. Du musst aber auf die Gerechtigkeit des Himmels vertrauen.« »Es heißt aber doch: Dein Wille geschehe, wie im Himmel also auch auf Erden! Wenn man uns den Kopf abschlägt, geschieht aber nicht Gottes Wille!«

»Wer weiß das schon. Es steht ja auch geschrieben: Wer Menschenblut vergießt, dessen Blut soll wieder vergossen werden.«

»Ich hab aber kein Blut vergossen, ich nicht! Niemals habe ich gemordet und bei dem Hemsbacher Unglück war es auch nicht meine Absicht, sondern ich hatte hinterher ein großes Mitleid mit dem armen Kaufmann.«

»Das will ich dir glauben. Aber er ist tot und seine Familie im Unglück. Schließlich war es ein Mord!«

»Der fünffach gerächt wird? Fünf für einen! Und wer straft diejenigen, die schuld an meinem Elend sind, die meine Mutter aus der Heimat fortgejagt haben, wer straft die großen Herren?«

Und so weiter und so fort. Mannefriedrich ließ sich nicht von seiner fixen Idee abbringen und versuchte mich zu überzeugen, dass er aufgrund seines schweren Schicksales die mildernde Rücksicht seiner Richter verdient hätte. Ich bat ihn deshalb, mir erst einmal seine Lebensgeschichte zu erzählen, doch forderte er mir im Gegenzuge das Versprechen ab, dass ich von seinen Aussagen keinen nachteiligen Gebrauch machen würde. Vor allem dem Stadtdirektor dürfe ich keine Mitteilung machen. »Weil ich nicht will, dass meinetwegen noch mehr Blut von meinen Kameraden vergossen wird.«

Ich gab dem Mannefriedrich mein Wort und teile hier auch nur dasjenige mit, was mir nach meiner Amtspflicht zu sagen erlaubt ist, ohne das in mich gesetzte Vertrauen zu verletzen. »Meine Eltern sind frei von Schuld an meinem schlimmen Schicksal und meinen Verbrechen. Mein Vater, Johann Valentin Schütz, war ein angesehener Bürger und Bauersmann in dem Orte Frücht in der Nähe von Koblenz. Diese Gegend gehörte damals dem

Freiherrn von Stein. Mein Vater hatte ein Haus und einige Felder, auf denen er Tabak anbaute, und nährte sich mit meiner Mutter, die Anna Maria heißt, ehrlich und bescheiden. Eines Tages nun weilte ein gewisser Graf von Schimmelpfennig aus Dänemark zu Ems im Bade, machte die Bekanntschaft des Freiherrn von Stein und reiste mit ihm durch die Heimat meiner Eltern.

Er bekam nun den Einfall, den Tabakbau auch auf seinen dänischen Gütern einzuführen, und der Freiherr von Stein tat alles, um diesen Wunsch des Grafen zu erfüllen. Er bestimmte meine Eltern und noch einige andere Familien, als Tabakpflanzer in königlich-dänische Dienste zu treten und gen Norden zu ziehen, nach Kopenhagen, wo ich geboren wurde. Ich war kaum zwei Jahre, da starb mein Vater, und meine Mutter zog nach Trockenburg auf Fünen, wo wir vier Jahre blieben. Aber der Tabak wollte in dieser nördlichen Landschaft nicht recht gedeihen, der Graf Schimmelpfennig hatte auch bald das Interesse verloren und am Ende bekam meine arme Mutter eine große Sehnsucht nach ihrer rheinländischen Heimat.

Endlich kehrten wir wieder nach Frücht zurück, denn meine Mutter hoffte, nun unser väterliches Haus mit uns Kindern wieder bewohnen und die wenigen Felder verpachten zu können. Aber wir sahen uns getäuscht, denn durch die Misswirtschaft und die schlimmen Zeiten war alles heruntergekommen, schlecht verwaltet und tief verschuldet.

So waren am Ende vom Erbe meines Vaters nach Abzug aller Schulden nur noch ein paar Gulden übrig. Haus und Hof aber gehörten den Gläubigern und Pfandleihern.

Von nun an wurden wir nicht länger im Dorfe geduldet und so musste meine Mutter mit mir und meiner Schwester durch die Lande streichen und von Ort zu Ort um Brot betteln gehen. Endlich durften wir uns mit der Erlaubnis eines Pastors in Breubach bei Gießen für einige

Heidelberg um 1810, vom Neuenheimer Ufer

Zeit aufhalten, aber nur so lange, wie es brauchte, um mich in der Christenlehre zu unterweisen und konfirmieren zu lassen.«

Mannefriedrich unterbrach sich und wischte eine Träne aus dem Auge. Ich sprach ihm Trost zu und befragte ihn genauer nach dem religiösen Unterricht, welchen er genossen hatte. »Meine Mutter war eine gute Frau und sehr streng. Einmal, als wir bei Bauersleuten betteln waren und ich mir einen Streifen Speck, ohne gefragt zu haben, heimlich nehmen wollte, hat sie mich unter Tränen arg verprügelt und hinterher mit uns zum Herrgott um Vergebung meiner Sünde gebetet. Immer hat sie mit uns gebetet, mehrmals am Tage unter freiem Himmel, und mir außerdem Lesen, Schreiben, den Katechismus und viele fromme Lieder beigebracht. Wir durften nichts Unrechtes tun, darauf hat sie gut geachtet. Und immer, wenn wir auf unseren Bettelzügen einmal am Straßenrande ein Plätzchen zur Ruhe fanden, haben wir aus der Bibel gelesen und in den Orten, wo wir am Sonntage waren, niemals einen Gottesdienst versäumt.

Nach der Konfirmation mussten wir Breubach verlassen, so dass ich, da es in der Folge an einem festen Aufenthaltsorte fehlte, kein ordentliches Handwerk erlernen konnte. Bei einem herumziehenden Maler lernte ich ein wenig das Tünchen und später bei einem vagierenden Korbmacher das Flechten der Weidenruten. Vom Korb- und Wannenmachen erhielt ich auch meinen Spitznamen Mannefriedrich, denn in der Wetterau, wo ich mich lange Zeit aufhielt, nennt man die Wanne Mahne oder Manne, so dass ich eigentlich der Wannenfriedrich heißen müsste.

Meine Schwester heiratete schon bald einen Händler aus Grünstadt, der auch meine Mutter zu sich nahm, und seit dieser Zeit trieb ich mich allein herum und verkaufte meine Körbe. Vom Korbflechten allerdings kann sich heute niemand mehr ernähren. So war ich des Öfteren gezwungen, etwas zu nehmen, aber nur Lebensmittel – Eier, Rüben, Obst aus den Gärten und manchmal, aber selten, auch ein Huhn. Ich war jedoch jung und fröhlich und genoss mein freies Zigeunerleben. Manchmal, im Sommer, habe ich auf den Feldern bei der Ernte geholfen, und weil ich lustig gearbeitet habe und viele Lieder singen konnte, haben mich die Bauern immer gern gehabt. Ich konnte auch Geschichten erzählen, und weil es so gut ging, hab ich auf mancher Kirchweih mit meinen Märchen und Possen ein Kleingeld verdient.

Auf den Jahrmärkten und Messen nun kam ich mit allerlei Vaganten in Bekanntschaft und wurde oftmals zum Trinken und zum Spielen verleitet. Die Taschenspieler, Bänkelsänger, Blasrohrmacher, Kameltreiber, Bärenführer und Orgelspieler wurden meine Freunde und manches freundliche Mädchen schenkte mir seine Liebe. An diese Zeit erinnere ich mich gern, denn es ging lustig zu und ich hatte selten Not.

Dann aber wurde die Polizei überall schärfer und wachsamer, und da ich keinen Wohnort, deshalb auch keinen gültigen Pass hatte, kam ich oft in die schlimmste Verlegenheit. Es war eine große Ungerechtigkeit gegen die fahrenden und heimatlosen Menschen. Ich selbst wurde drei halbe Jahre lang in Arnsberg bei Wasser und Brot im Gefängnis eingesperrt und nach dieser langen Zeit endlich freigesprochen. Nach meiner Entlassung entschuldigte sich aber keiner wegen des Unrechtes, sondern weil ich nicht im Lande geboren war, wurde ich über die Grenze gejagt, und es war mir bei Zuchthausstrafe verboten, jemals nach Arnsberg zurückzukehren.

Nun war ich der Willkür, der Hartherzigkeit, manchmal auch der Grausamkeit der Land-Dragoner und der streifenden Bürgerwehren preisgegeben. Da ich keinen Pass hatte, wurde ich überall angehalten, eingesperrt und mit Schlägen misshandelt.

Ich lernte dann die Anna Catharina kennen mit ihrem kleinen Buben. Sie war auf die Straße geraten, weil sie nach dem Vater ihres Kindes suchte, einem Bauersknecht, der ihr davongelaufen war. Auch sie ist die Tochter rechtschaffener Eltern, die eine Mühle im Weilburgischen hatten. Weil sie so eine gute, freundliche Art hatte, musste ich sie von Herzen lieben und wir haben dann unsere Not geteilt. Unser Unglück wurde aber größer, denn ich hatte jetzt Frau und Kind.«

»Sie war nicht deine rechtmäßige Frau, sondern lediglich deine Beischläferin!«, unterbrach ich die Erzählung des Mannefriedrich. »Siehst du denn wenigstens dieses Unrecht ein? Ihr wart ja weder vor Gott noch der Welt miteinander verheiratet!«

»Nun, daran war ich nicht schuld«, erwiderte Mannefriedrich lächelnd. »Und am Ende wurden wir ja doch noch miteinander verheiratet! Wir waren zwar schon bei vielen Pfarrern und hatten sie gebeten, uns zu trauen. Da wir jedoch keine Pässe besaßen, wurden wir davongejagt.

Trotzdem, das muss ich einmal sagen, leben im Elend die Männer und Frauen weit besser und freundschaftlicher miteinander als in den Bürgerhäusern und die Treue und Liebe mancher Landstreicherin oder Räubersfrau ist größer als die der rechtmäßigen Eheweiber.«

»Nun ja, lassen wir das. Zum guten Ende wurde Anna Catharina also doch noch deine rechtmäßige Frau. Wie hast du das erreicht, einen Pfarrer zu finden, ohne Pass?«

»Es gibt immer die eine Ausnahme: Soldat werden! Ich brauchte Geld, ich musste die Meinigen vor dem Hungertode retten. Also ging ich zum Kaiserlichen Werbhause, ließ mir Branntwein geben, bis ich betrunken war, nahm das Handgeld und war Soldat. Und schon konnte ich meine Anna Catharina vor Kaiserlichen Fahnen zu Günzburg rechtmäßig heiraten, bis dass der Tod uns scheidet. Doch was hätte meinem Cathrinchen ein Mann genutzt, der sich für Geld totschießen lässt oder andere tötet, wo es doch ohnehin gegen Gottes Gebot ist, das da lautet: Du sollst nicht töten! Auch wollte ich mich nicht wie ein Hund behandeln lassen und deshalb wurde ich schon am vierten Tage zum Kaiserlichen Deserteur, lief davon und habe fortan die Gegend um Günzburg gemieden wie die Pest!«

»Du entschuldigst dich immer mit der Not, in die du geraten bist. Hast du denn auch Menschen, die dir helfen könnten, einmal deine Not geklagt? Hast du einem höheren Beamten oder gar einem Fürsten deinen heimatlosen Zustand und deine Verzweiflung vorgestellt?«

»Ach, Herr Pfarrer, wer hört schon auf die Armen, und es sind unserer doch gar so viele!«

Ich erwiderte darauf nichts, denn diese Menschen sind dem Staate ein wirkliches Problem, und fragte weiter: »Von nun an also wurdest du zum Verbrecher, warst ein Gesetzloser, ein Räuber?«

»Noch nicht. Es kam noch ein Winter, ein schlimmer, kalter Winter. Wir hatten wenig verdient mit unseren Körben und Tragriemen. Aber dieser harte Winter, in dem wir manche Nacht, in Lumpen gehüllt, unter freiem Himmel zubringen mussten, so dass ich mit meiner Frau und dem Kinde einmal des Morgens sogar angefroren erwachte, diese bittere Eiseskälte, die fortwährenden Verfolgungen und die Unmöglichkeit, mich und die Meinigen ehrlich zu ernähren, dies alles zwang mich endlich zum Stehlen und Rauben. Jetzt habe ich den Branntwein nicht mehr aus Freude getrunken, sondern aus Kummer. Ich will gestehen und bereue es auch, dass eine große Bitterkeit gegen manche Menschen in meinem Herzen entstanden ist. Ich war voller Furcht, Angst, Hass und Wut. Dies ist auch der Grund, weshalb wir die Kaufleute oft so sehr geprügelt und misshandelt haben. Aber nur die großen und reichen Herren. Armen Menschen dagegen, die oft ihr mühsam erbetteltes Brot mit uns auf der Straße geteilt haben, habe ich immer etwas von meinem Raubanteile abgegeben.«

Schwarzer Peter

Wild, der schon oft beim Spielen war,
Der tät die Karten geben.
Doch legt ihm Veit die Trümpfe dar
Und sprach: »Es geht ums Leben!«
Schon in dem allerersten Spiel
Verlor der alte Wild sehr viel.
Die Karten sagten zweifelsfrei:
Dass er der Schwarze Peter sei ...

(Aus dem Kartenspiel-Lied des Mannefriedrich)

Fortsetzung des aktenmäßigen Berichts, aufgezeichnet vom Heidelberger Stadtdirektor Dr. Ludwig Pfister:

Nunmehr kommen wir zu einem ersten großen Erfolge unserer kriminaltechnischen Ermittlungsarbeit: Wie es uns gelang, das Leugnen und Schweigen der Gauner zu brechen und den Schwarzen Peter zu überführen. Einen der gefährlichsten Räuber, der schon vor einem Jahrzehnte zu den schlimmsten Übeltätern in der Bande des berüchtigten Räuberhauptmanns Jean Bückler, genannt Schinderhannes, zählte. Zunächst half uns das Glück, doch wie es in dem Sprichworte heißt: Nur dem Tüchtigen steht Fortuna zur Seite.

Wie zufällig ließ unser Hauptzeuge Veit Krämer eines Tages die Bemerkung fallen, dass sein Zellengenosse Johann Wild der Vater eines Mitschuldigen, des Köhlers Andres, und obendrein noch der Schwiegervater des Sebastian Lutz sei.

Sogleich nahmen wir den alten Wild und seine Frau Maria in getrennte Verhöre, doch wollten beide niemals einen Sohn namens Andres gehabt haben. Auch den Sebastian Lutz verleugneten sie. Beide antworteten so verschmitzt, dass uns schnell klar wurde, um welch ausgekochtes Gaunerpärchen es sich handelte. Doch war es äußerst mühsam, ihre Widersprüche und Ausreden zu widerlegen und die Wahrheit zu beweisen. Bei Leuten ihrer Art, die keine bleibende Unterkunft haben, täglich in anderen Hütten, Scheunen, Schuppen oder gar im Freien hausen, steht der untersuchende Richter vor einer nahezu hoffnungslosen Aufgabe.

Schließlich nahmen wir uns den jüngsten Sohn der Wilds vor. Doch war der siebenjährige Leonhard durch seine Gaunereltern bereits so verdorben, so dreist und im hartnäckigen Leugnen geschult, dass wir uns mit unseren Fragen bald im Kreise drehten. Wir geben ein Beispiel aus dem Protokoll:

»Hast du noch Geschwister?«

»Ja. Ich kenne drei. Eine Schwester heißt Louise, die ist 12 Jahre alt, einen Bruder namens Peter, 15 oder 16 Jahre alt, und ich bin das Dritte.«

»Hast du wirklich sonst keine Geschwister?«

»Sechs Geschwister sind mir, wie meine Mutter sagte, gestorben.«

»Hast du nicht einen Bruder, welcher Andres heißt?«

»Nein.«

»Hast du nicht einen großen Bruder, welcher Andres oder Köhlers Andres heißt?«

»Nein. Gehabt habe ich einen großen Bruder der ist aber schon lange an den Blattern gestorben.«

Man sieht: Es wird ebenso viel und so rasch in den Gaunerfamilien geboren wie gestorben. Immerhin war es uns in der Zwischenzeit gelungen, Strümpfelbronn im Odenwalde als einen der letzten Aufenthaltsorte der Familie Wild ausfindig zu machen.

Von dort ließen wir drei Bauersleute nach Heidelberg

kommen, bei denen die Wilds einmal in der Scheune über-
nachtet hatten. Die Bauern sagten unter Eid aus, dass der
alte Wild früher oft als Kohlenbrenner im Odenwalde
gearbeitet habe. Auch ein Sohn, genannt Köhlers Andres,
habe zur Familie des Johann Wild gehört. Im Wirtshaus
hätte der Alte oft und gern geprahlt, wie gut sein Andres
auf der Klarinette spiele.

Nach diesen Zeugenaussagen gab sich Wild endlich
geschlagen und gestand, einen Sohn namens Andres zu
haben. Er habe aber nichts mehr von ihm wissen wollen,
weil er ein unfolgsamer Bub wäre, der in der Welt herum-
laufe. Auch der kleine Leonhard ließ jetzt rasch seinen
Bruder wieder von den Toten auferstehen. Und schließlich
erinnerte sich sogar die Mutter wieder an ihren verlorenen
Sohn. Weitere Aussagen, insbesondere was den Raubmord
bei Hemsbach betraf, waren nicht zu erhalten.

Mittlerweile war jedoch die Nachricht eingetroffen,
dass im Departement Hanau ein Bursche gefasst worden
sei, welcher mit dem von uns gesuchten und signalisier-
ten Köhlers Andres identisch zu sein scheine. Auch hatte
man bei dem Verdächtigen kostbare Kleidungsstücke gefunden, mit größter Wahrscheinlichkeit aus dem Besitze
der beiden Schweizer Kaufleute. Wir beantragten sofort
beim Großherzoglich Frankfurtischen Präfekten die Auslieferung, welche unverzüglich bewilligt wurde.

Am 30. Mai wurde der Gefangene dem Heidelberger
Stadtamte überbracht und bereits am folgenden Morgen unbemerkt von seiner Mutter beobachtet und als ihr
Sohn Andreas anerkannt. Veit Krämer bestätigte dies,
und schließlich erklärte auch Johann Wild, der ebenfalls
heimlich den Gefangenen im Hofe beobachtet hatte: »Es
ist mein Sohn Andres, dessen Namen ich den Herren ver-
leugnet habe. Ich verleugne nun aber mein Kind nicht
mehr. Warum ist er in der Welt herumgelaufen? Er mag
es sich selbst zuschreiben.«

»Nun, Leonhard«, wandten wir uns jetzt noch an den Buben, »was meinst denn du? Wer ist der Bursche dort unten?«

Wir ließen ihn ans Fenster heben.

Stumm schaute der kleine Leonhard auf den Hof hinab, biss die Lippen aufeinander und begann plötzlich, vor sich hin zu weinen.

»Also bitte, wer war das?«, wiederholten wir, nachdem sich der Junge beruhigt hatte.

»Ich weiß es nicht, ich weiß es nicht!«

»War es dein Bruder Andres?«

»Ich habe ihn nicht genug gesehen«, trotzte das unverschämte Kerlchen.

»Ich werde dich prügeln lassen, wenn du weiter leugnest!«

»Nein, nein, nicht!«

»Der Wärter wird gleich eine Rute anfertigen! Überleg es dir gut.«

»Nun ja«, murrte das Kind. »Dann ist es halt mein Bruder Andres.«

Wir ließen sie alle abführen und nunmehr den eindeutig erkannten Andreas Wild in das Zimmer bringen.

Hier ein Auszug aus dem Protokoll:

»Wie heißest du?«

»Andreas Wild.«

»Wie heißt dein Vater?«

»Das weiß ich nicht.«

»Wie deine Mutter?«

»Ich weiß es nicht.«

»Wie deine Geschwister?«

»Ich weiß es nicht.«

»Ich weiß es nicht was weißt du denn?«

»Ich sage die Wahrheit und wenn ich ein Wort gelogen habe, so will ich für jedes gelogene Wort gern 25 Prügel annehmen!«

»Da müssten wir wohl tagelang prügeln. Also noch mal. Wie hat dein Vater geheißen?«

»Ich weiß nur, dass er Johann hieß. Ich wurde von einem Musikanten erzogen. Bei dem lebte ich bis zu meinem vierzehnten Lebensjahr. Seither ziehe ich allein durch die Lande und mache Musik. Ich spiele die Violine, das Klarinett und die kleine Flöte.«

»Wann sahst du deinen Vater zum letzten Mal?«

»Ich habe ihn in meinem ganzen Leben noch gar nicht gesehen.«

»Wo ist deine Mutter?«

»Das weiß unser Herrgott.«

»Wann hast du sie zuletzt gesehen?« »Ich habe auch sie noch nie gesehen.«

Es fiel nicht leicht, bei diesem unverschämten Leugnen die Ruhe und Gelassenheit zu bewahren, doch hatten wir uns eine List erdacht, mit der wir den kaltblütigen Gauner zu erschüttern hofften. Wir hatten nämlich Anweisung gegeben, dass vor die eine der drei zum Verhörzimmer führenden Türen der Vater, vor die andere die Mutter und vor die dritte der kleine Leonhard nebst jeweils einer Wache und einem Gerichtsdiener aufgestellt wurden. Als nun Andreas Wild seine Frechheit nicht aufgeben wollte, gaben wir mit einem kleinen Glöckchen auf dem Schreibtische ein zuvor verabredetes Klingelzeichen. Plötzlich öffneten sich sämtliche drei Türen und man sah Vater, Mutter und Bruder für einen kurzen Moment wie starr im Türrahmen stehen. Sekunden später waren die Türen wieder verschlossen, so dass das Ganze wie ein traumhafter Spuk anmuten musste.

Andreas Wild zeigte sich durch diesen Anblick tief erschüttert, wollte aber auf unsere Frage: »Und wer, bitte, sind denn dann diese?«, keine Antwort geben. Als wir jedoch erneut zur Glocke griffen, um den Vater hervorrufen zu lassen, besann er sich und stammelte: »Der Mann ist mein Vater, der Bub mein Bruder Leonhard und die Frau meine Mutter.«

Dass solch ein hartnäckiges Leugnen tiefere Ursachen haben musste, sollten wir einige Wochen später erfahren. Andreas Wild, der nach anfänglichem Zögern in der Folge immer offenherziger seinen eigenen Anteil am Hemsbacher Raubmord eingestand, uns später sogar behilflich war, den Mannefriedrich und den Hölzerlips zu überführen, hatte in der Tat die besten Gründe gehabt, seinen Vater nicht mehr zu kennen.

Wir hatten die Untersuchungen über den Hemsbacher Mord fast völlig abgeschlossen, nur einige kleinere Diebstähle, an denen auch Johann Wild einigen Anteil hatte, bedurften noch einer abschließenden Klärung. Also wurde der alte Wild, den wir bis dahin als einen eher drittklassigen Gauner angesehen hatten, noch einmal ins Verhör genommen. Er geriet dabei plötzlich in eine sonderbare Angst und Beklemmung, obgleich er freimütig gestand. Da sein Zittern und Zagen kein Ende nehmen wollte, nutzten wir die Gelegenheit, um einem alten, kaum glaublichen Gefängnisgerüchte nachzuforschen.

Schon mehrmals nämlich war behauptet worden, dass es sich bei Johann Wild in Wirklichkeit um einen alten Spießgesellen des Schinderhannes, und zwar um den berüchtigten Schwarzen Peter, handeln könne. Wir hielten das zunächst für unwahrscheinlich, ließen aber vorsichtshalber bei den französischen Behörden in Mainz, die ihn vor fast zehn Jahren in Abwesenheit als Mörder zum Tode verurteilt hatten, nachfragen. Von daher kam jedoch keine Antwort.

Jetzt, da wir die Unsicherheit des alten Gauners bemerkten, setzten wir noch einmal alles auf eine Karte. Der Versuch gelang.

»Ich frage nicht bloß nach Verbrechen im Badischen Lande, sondern überhaupt nach allen Euren Verbrechen.«

»Ich habe nichts getan.«

»Man weiß aber ganz bestimmt und zuverlässig, dass Ihr noch vieler anderer Verbrechen schuldig seid.«

»Ich habe weiter nichts getan!«

»Ihr seid doch ein geübter Räuber! Ein ehrlicher Mann nimmt nicht gleich auf die erste Einladung an Räubereien teil!«

»Bloß Elend und Armut brachten mich dazu.«

An diesem Punkte ermahnten wir Johann Wild zum wiederholten Male, auch seine weiteren Verbrechen einzugestehen, doch er blieb verstockt. Wir hatten also keine andere Wahl, als ihn nunmehr ganz direkt zu fragen:

»Kennt Ihr den Schwarzen Peter?«

»Nein.«

»Seid Ihr nicht selbst der Schwarze Peter?«

»Nein.«

»Wollt Ihr es auf eine Überweisung nach Mainz ankommen lassen?«

»Ich bin es nicht.«

»Habt Ihr den Schinderhannes gekannt?«

»Es kann sein, ich weiß es nicht.«

»Abführen!«

Bei alledem schien der Gefangene einen inneren Kampf zu führen, welcher ihm die Brust zusammenschnürte und den Atem raubte. Der Angstschweiß stand ihm beständig auf der Stirne.

Als wir ihn endlich abführen ließen, seufzte er befreit auf. Kaum war er aber draußen auf dem Vorplatze, so besann er sich und sagte zu dem Wachtmeister, der ihn in seinen Kerker zurückbringen sollte: »Was soll ich mich länger quälen, es ist doch aus! Führen Sie mich wieder vor.«

Dies geschah. Wir empfingen ihn kalt, aber mit Schonung. »Was wollt Ihr?«

Stammelnd, unter heftigen Bewegungen, welche ihm

Alte Brücke und Gefängnis im Brückentor

kaum zu atmen gestatteten, kam die Antwort: »Ich will und muss eingestehen, dass ich doch der Mann bin, nach welchem Sie fragten, nämlich der Schwarze Peter. Ich heiße in der Tat Peter Petry und stand auch wirklich mit dem Schinderhannes in Verbindung.«

Nachdem wir dem Erschöpften einige Erholung gegönnt hatten, setzte er sein Bekenntnis fort und gestand seine Beteiligung an der Ermordung des Juden von Seibersbach sowie einige Pferdediebstähle.

Danach nahmen wir noch einmal seinen Sohn Andreas ins Verhör und befragten ihn mit aller Schärfe. Doch dieser weigerte sich weiterhin, die Wahrheit zu gestehen, und beharrte darauf, dass sein Vater Johann Wild heiße. Darauf holten wir den Schwarzen Peter erneut in das Verhörzimmer und dieser sagte seinem eigenen Sohne ins Gesicht, dass nunmehr alles Leugnen zwecklos und der wahre Familienname eingestanden sei. Sodann wandte sich Peter Petry an den Untersuchungsrichter: »Doch bitte ich den Herrn Stadtdirektor für meinen Sohn um Schonung. Er hat ja nur geleugnet, weil er wusste, dass sein Geständnis mein Leben kosten wird. Nun aber ist alles verloren!«

Andreas Petry, als er das hörte, schrie laut aus Schmerz auf, warf sich jammernd auf den Boden und tobte und raste so heftig, dass man ihn nur mit äußerster Mühe zur Besinnung bringen konnte. Dies also war das Ende des Schwarzen Peters.

Der alte Verbrecher, dem es nach der Hinrichtung des Schinderhannes noch ein ganzes Jahrzehnt hindurch gelungen war, unerkannt im Odenwalde fortzuleben, wird nun an die französischen Behörden in Mainz ausgeliefert und dort den lang verdienten Lohn für seine höllischen Großtaten erhalten. Seinen Sohn Andreas aber, welcher die mörderische Tradition seiner Familie fortsetzte, erwartet zu Heidelberg ein sühnendes Blutgericht.

Die letzten Tage des Mannefriedrich

Fortsetzung des Berichts von Stadtpfarrer Theophor Dittenberger:

Mittwoch, 29. Juli 1812

Am Morgen, früh vor 6 Uhr, wurden Herr Kirchenrat Wolf und ich durch aufgeregte Boten zu den Räubern gerufen. Sie hatten die ganze Nacht über in ihren Gefängniszellen randaliert und vor allem Mannefriedrich hatte unter Gebrüll nach geistlichem Beistand verlangt. Bei unserer Ankunft vor dem Mannheimer Tore grüßten uns die Delinquenten schon von Weitem aus den vergitterten Fenstern ihres Gefängnisses.

Um einen Eindruck von den nächtlichen Vorfällen zu gewinnen, ließ ich mir zunächst den Mannefriedrich in das Besprechungszimmer bringen und bemerkte, dass man ihm schwerere Ketten angelegt hatte. Er sah bleich und übernächtigt aus, hatte rot geäderte Augen und war sehr erregt.

»Gut, dass Sie kommen, Herr Pfarrer! Sehen Sie dieses Eisen! Man hat uns neu gekettet und eine Stange zwischen die Hände geschmiedet! Wie sollen wir da schlafen in unseren letzten Nächten? Der Stadtdirektor ist ein Lügenmaul, bestellen Sie ihm das! Wie können wir fromm sein und beten bei solchem Betrug!«

Ich untersagte dem Tobenden seine ungebührliche und unwürdige Tonart, versuchte, ihn zu besänftigen, und fragte, woher er sich ein Recht zu solchen Beschwerden hernehme.

»Ein Recht?«, jammerte Mannefriedrich mit unverminderter Lautstärke. »Ist es nicht auch für einen Verurteilten ein Menschenrecht, dass er vor der Hinrichtung noch

eine Erleichterung bekommt, ordentliches Essen, geist-
lichen Trost und eine gelindere Behandlung? Man hat
aber den Andreas Petry und mich voneinander getrennt
und in schlimmere Gefängnisse eingesperrt! Obwohl uns
versprochen war, dass wir aufs Rathaus kommen und
aus dem feuchten Loch heraus!«

»Das wird gewiss seine Gründe haben, Friedrich
Schütz«, mahnte ich. »Bedenke, dass du der Obrigkeit
selbst allen Anlass zum Misstrauen gegeben hast durch
deine vielfältigen Ausbruchsversuche. Erst kürzlich wurde in deinem Brot eine Feile entdeckt! Vergiss auch nicht,
dass du dich zu Zwingenberg wie durch ein Wunder befreit hast!«

»Das war kein Wunder«, erwiderte Mannefriedrich
trotzig.

»Das waren zwei goldene Taler, die ich mir versteckt
hatte.«

»Du meinst, du hast die Gefängniswärter bestochen?«

»Nur den einen! Und ich wollte, ich hätte jetzt wieder so ein wächsernes Ei im Arsche oder könnte Dukaten
scheißen für die Wärter!«

»Das würde dir nichts mehr nützen, Friedrich Schütz!«,
entgegnete ich mit allem Ernste. »Denke jetzt nicht mehr
an Flucht, denke an dein Seelenheil! Du hast keine andere Aussicht: Ein ganzes Dragoner-Regiment hat eure
Bewachung bis zur Exekution übernommen, es sind an
die hundert Mann! Und nicht der Stadtdirektor, sondern
der Regimentskommandeur ist fortan für euch verantwortlich.«

»Hundert Mann!«, wiederholte Mannefriedrich und
sah mit eisiger Miene durch die Gitterstäbe seines Fens-
ters. »Hundert Dragoner! Was für eine Ehre!«

Der Gefangenenwärter räusperte sich. »Wenn ich mir
eine Bemerkung erlauben darf, Herr Pfarrer, wegen der
neuen Maßregeln: Beim Hölzerlips wurde heute Nacht in

jedem Schuh die Hälfte einer Schere entdeckt, und zwar zwischen den Strümpfen und dem platten Fuße – wir hatten also unsere Gründe!«

»Und da beschimpfst du den Direktor Pfister! Bitte, Friedrich Schütz, bekenne mir aufrichtig, ob dein unanständiges Betragen nicht daher kommt, dass du insgeheim immer noch gehofft hast, in der Nacht aus einem leichteren Gefängnis leichter ausbrechen zu können? Hast du das gehofft, Friedrich Schütz?« Mannefriedrich antwortete nichts auf meine Frage, schlug aber das Auge, wie mir deuchte, bedeutungsvoll zu Boden.

»Wir wollen uns jetzt sammeln und an die Ewigkeit denken«, setzte ich fort und faltete die Hände. »Ein Morgengebet wird uns beiden gut tun.«

Mannefriedrich hob seine durch das Eisen auseinander gesperrten Hände mit traurigem Lächeln in die Höhe und murmelte: »Ich krieg sie ja nicht mehr zusammen, Herr Pfarrer.«

»Es wird auch so gehen, denn wir beten mit der Seele, nicht mit den Händen«, tröstete ich ihn, nutzte seine Rührung und sprach mit herzlicher Bewegung das Gebet ›Wachet auf vom Schlaf, ihr Sünder ...‹ Während ich sprach, hatte Mannefriedrich beide Hände zu Fäusten geballt und starrte stumpf auf die Tischplatte. Am Ende des Gebetes aber hatte er einen freundlichen Gesichtsausdruck und sagte: »Wir haben gewiss nicht recht getan mit unserem Toben und Lärmen. Ich will von nun ab auch nicht mehr widerspenstig sein und mir alles gefallen lassen, was der Stadtdirektor verordnet. Nur mein Cathrinchen und die Kinder will ich noch einmal sehen, das Versprechen muss er mir halten! Verzeihen Sie mir, ich muss ja doch bald sterben!«

So viel über diese unerquickliche Affäre.

Später setzte Mannefriedrich seine Lebensbeichte fort: »Wie es zu den Einbrüchen und Überfällen kam? Im

Sommer litten wir keine Not aber im Herbst, Winter und Frühjahr, wenn uns der Wind durchs Hemd pfiff, und es war nichts zu essen da, dann musste etwas gemacht werden. Durch mein fahrendes Leben hatte ich viele Kochemer, Diebe, Betrüger, Hehler, Bettler kennen gelernt, und da ich jung und kräftig war, war ich schon des Öfteren gefragt worden, ob ich nicht Lust hätte, auf eine Chassne-Maloche, das bedeutet auf einen Einbruch, zu gehen oder zum Strahlekehren, wie man den Straßenraub nennt. Nur damals, als ich noch lustig war und ledig, wollte ich das nicht.«

»Wann bist du denn zum ersten Mal mit richtigen Räubern zusammengekommen?«

»Ich weiß nicht. Man sieht ja den Menschen im Sommer nicht an, was sie im Winter tun. Vom Veit Krämer, seiner Eva und der alten Selserin wusste ich es lange nicht, weil sie als Bänkelsänger durch die Lande zogen. Auch den Andreas Petry und den Sebastian Lutz habe ich früher einmal auf einem Jahrmarkt kennengelernt und mit ihnen gesungen, weil sie so gut die Violine und die Klarinette spielten. Wir sind sogar wochenlang von Markt zu Markt gezogen, aber keiner tat etwas Unrechtes, höchstens manchmal ein paar linke Kniffe. Eine Zeit lang machte ich zum Beispiel den Lockvogel und Fallenmacher für einen Falschspieler, den scheelen Wuttwuttwutt, der mit einer Warenlotterie die Jahrmärkte im Hessischen besuchte. Es war Betrug, aber die Gimpel wollen ja betrogen sein.

Wir arbeiteten immer getrennt. Wuttwuttwutt erschien mit seinem Bauchladen auf dem Marktplatze und baute seine Lotterie auf, so dass jeder seine Preise, es waren meist Uhren, Schnallen, silberne Löffel, Goldstücke oder Perlenketten, betrachten und bewundern konnte. Dass das meiste davon Diebesgut war, wusste ich damals noch nicht. Das kann ich beschwören! Meist musste ich ganz unbeteiligt und zufällig unter den Bürgern und Bauern, den Viehhändlern, Metzgern oder Müllern stehen und mit ihnen auf die ausgebreiteten Schätze gaffen. Wenn ich einen entdeckte, den zu rupfen sich lohnte, weil er wohlgenährt und gut gekleidet war oder eine Geldkatze um den Leib trug, so stellte ich mich jedes Mal gleich in seine Nähe. Der Wuttwuttwutt aber spielte den Lotterie-Direktor, spreizte sich und forderte die Gaffer auf, doch einmal ihr Glück zu wagen, schüttelte und hielt unserem Opfer den Würfelbecher hin.

Meistens lehnte so einer beim ersten Mal noch ab, also wiederholte Wuttwuttwutt seine Frage und reichte mir den Becher. Auch ich musste zunächst den Vorsichtigen spielen und zeigte nicht die geringste Lust. Wuttwuttwutt redete mir zu, sprach davon, dass ich noch heute mein Glück machen könnte, dass ein junger Bursch doch auch einmal etwas riskieren müsse, ich verweigerte aber standhaft. Der Wuttwuttwutt wurde nun lauter und zudringlicher. Ich schüttelte jedoch immer wieder nur misstrauisch den Kopf und spielte den ängstlichen Tölpel. Die Menge scharte sich nun immer dichter um uns und alle wollten sehen, worum es ging. Wuttwuttwutt kam ins Schwitzen vom vielen Zureden, tat schließlich einen großen Schnaufer und sagte: Nun denn, junger Mann, prüft doch wenigstens einmal Euer Glück, bevor Ihr weitergeht! Hier einen Wurf gebe ich Euch zur Probe frei!

Das Publikum lachte dann meistens, ich ließ mir widerstrebend den Würfelbecher in die Hand drücken und würfelte, es waren natürlich falsche Würfel, gleich beim ersten Mal drei Sechser! Dann jubelten die Leute, klatschten oder klopften mir auf die Schulter.

Weitermachen! Ich wusste es ja! Ihr seid ein geborener Glückspilz, junger Mann, holt Euch den Preis!, rief Wuttwuttwutt und schüttelte den Würfelbecher, wobei er heimlich die Würfel vertauschte. Ich würfelte, verlor und legte schimpfend mein Geld hin. Einmal ist kein-mal!, schrie nun der Wuttwuttwutt. Man kann nicht im-mer hoch werfen! Versucht es noch einmal! Ich probierte es wieder, verlor nochmals, schimpfte noch ärger, spielte aber jetzt freiwillig wie ein Besessener weiter, verlor noch einige Mal, rückte nahezu alles Geld heraus, bis der Wuttwuttwutt erneut die Würfel tauschte und ich nun-mehr den Haupttreffer machte. Jetzt endlich waren alle Zuschauer auf meiner Seite, allgemeiner Jubel erscholl und der Lotterie-Direktor überreichte mir mit ärgerlicher Miene die teuere Uhr. Ich aber wollte mein Geld und gab sie zurück. Der Wuttwuttwutt zahlte mir all mein Geld wieder aus, dazu noch einige Louisdors, die ich hinzuge-wonnen hatte.

Von nun an aber lief das Spiel, die Zuschauer waren gewonnen, die Gimpel gingen in die Falle und Wuttwutt-wutt mit seinen falschen Würfeln nahm einen nach dem anderen aus. Ich aber verließ den Markt und traf erst am nächsten Tage wieder mit dem Wuttwuttwutt zusammen an einem anderen Orte, wo wir unser falsches Spiel wie-derholten.

So also ging es damals zu auf den Jahrmärkten. Auch den Georg Philipp Lang habe ich auf einem Markte ge-sehen, wie er hölzerne Pfeifen und Löffel verkaufte, ohne zu wissen, dass er der im ganzen Odenwalde gefürchtete Hölzerlips war. Eine Zeit lang hatten wir den gleichen Weg. Er verkaufte seine Holzwaren im Baulande und ich führte damals einen Esel bei mir, der meine Körbe trug, denn ich verkaufte teueres Porzellan, Kaffeeschalen aus Sachsen.«

»Was willst du mit alledem sagen?«

»Nun, eigentlich nur: Wer ohne Obdach ist und auf der Straße lebt, der ist ständig unter Räubern – man erkennt sie nicht so schnell. Und die meisten haben auch ihren Beruf, damit sie durch die kurzen, hellen Sommernächte kommen, in denen das Fetzen und Malochen zu schwer und zu gefährlich ist. Eines Tages aber, weil einem der Wind zu arg durchs Hemd pfeift, das Kind vor Hunger schreit oder auch weil man zu viel Branntwein getrunken hat, verlässt man die geraden Chausseen, zieht mit den anderen durch die Wälder und macht etwas. Die Frauen und Kinder wussten ja meistens von ihren Bettelzügen her, wo es etwas zu nehmen gab, ein wenig Tuch, eine Zinnschüssel, etwas Dörrfleisch oder Bienenwachs, bisweilen auch Geld oder Kleidungsstücke. Es geschah auch oft aus Rache, wenn man ihnen freiwillig nichts gegeben hatte.

Die Straße ist die Schule der Räuber. Schon die Kinder lernen die Fingerzeichen und die Kochemer Sprache, wie man sich vor Gericht verhält und in welcher Herberge man sicheren Unterschlupf findet. Auch ich hatte mit der Zeit all dies gelernt, kannte alle Gauner-Zinken, konnte Kugeln gießen und wusste eine Pistole zu bedienen. In den Räuberherbergen war ich bald ein gern gesehener Gast, nicht weil ich gut im Schlagen war, sondern weil ich so viele Kochemer Lieder und Gaunergeschichten auswendig wusste. Ich war auch einmal bei einer richtigen Chassne-Maloche auf einer Mühle im Hessischen dabei, welche wir nach der Art der alten Niederländer Bande ausgeführt haben. Unser Anführer war ein Jude, wir nannten ihn den General, in Wirklichkeit aber hieß er Itzig Spieß. Er trug einen Säbel und ein Schießgewehr, wir anderen hatten aber nur Buchenstöcke dabei. Die Mühle lag in einem Dorfe, und damit nicht Alarm geläutet werden konnte, musste einer, den wir Krautscheißer nannten, das Schlüsselloch in der Kirchentüre mit Wachs zustopfen. Ich half ihm dabei, und da der Krautscheißer und ich die einzigen Christen in der Bande waren, knieten wir vor der nächtlichen Kirche nieder und beteten gemeinsam, dass uns und dem Müller kein Leid bei dem Überfalle geschehen solle.«

»Hast du das wirklich getan, Friedrich Schütz?«, fragte ich mit äußerster Empörung. »Merkst du denn nicht das Frevelhafte und Gotteslästerliche eines solchen Gebetes?«

»Wieso?«, sagte Mannefriedrich verwundert. »Im Kriege beten doch auch die Soldaten vor einer Schlacht, dass alles gelingen möge! Und es ging ja doch ohne Blutvergießen ab, obwohl wir die Türe mit einem Rammbaum sprengten und ein Schießgewehr dabeihatten. Wir hatten uns alle falsche Bärte aufgeklebt, machten großes Rumoren in der Mühle, trieben alle Mägde und Knechte zusammen, fesselten und knebelten sie in der Wohnhalle und zerschlugen die Einrichtung so lange, bis uns der Müller endlich den Schlüssel für seine Geldkiste gab. In der Geldkiste fanden wir reichlich Schmuck und dreitausend Gulden an barem Geld. Unsere Gebete hatten also doch etwas genutzt.

Im Übrigen habe ich auch auf dem Rückwege von der Affäre bei Hemsbach unterwegs im Walde inbrünstig gebetet, denn ich hatte eine große Angst, weil ich schon damals glaubte, dass die beiden Herren tot wären. Noch heute muss ich mit Schaudern daran denken, wie wir durch die finsteren Wälder heimzogen. Da habe ich das Lieblingslied meiner armen Mutter vor mich hin gesungen: Auf meinen lieben Gott trau ich in Angst und Not... aber da war es wohl schon zu spät.«

Mannefriedrich

Nun kam ich, Mannefriedrich,
Wollt' erst das Spiel nicht kennen,
Doch fing der Herr Direktor mich
Und tät' den Zwingberg nennen.
Nun spielten sie nach ihrer Art,
Gemischt war schon dazu die Kart'.
Da stand ich dann bald nackt und bloß,
Denn ihre Trümpfe waren groß.

(Aus dem Kartenspiel-Lied des Mannefriedrich)

Fortsetzung des aktenmäßigen Berichts, aufgezeichnet vom Heidelberger Stadtdirektor Dr. Ludwig Pfister:

Wir kommen jetzt zu einem Meister in der Kunst des Verleugnens und Verschweigens, zu Philipp Friedrich Schütz, welchen man unter Kochemern den Mannefriedrich nennt.

Andreas Petry hatte uns verraten, dass im Gefängnis zu Hanau ein weiterer Hemsbacher Raubmörder als Landstreicher unter dem falschen Namen Goldmann festgehalten werde. In Wirklichkeit aber sei es der Mannefriedrich mitsamt seiner Frau, seinem siebenjährigen Buben und einem kleinen Säugling. Wir beantragten die sofortige Auslieferung an das Stadtamt Heidelberg.

Veit Krämer und Andreas Petry, die die Ankunft des so genannten Goldmann unbemerkt aus dem Fenster des Verhörzimmers beobachten konnten, erkannten sogleich ihren alten Diebs- und Raubgenossen wieder. Auch der Amtmann von Zwingenberg identifizierte in einer Ge-

genüberstellung seinen einstigen Gefangenen. Allein der verstockte Lügenmeister ließ sich nicht im Mindesten erschüttern, sondern trieb seine Unverschämtheit sogar so weit, dass er das Gericht mit gespielter Harmlosigkeit fragte: »Bitte schön, wer ist denn dieser würdige Herr?«

»Der Amtmann von Zwingenberg, bei dem Ihr im Gefängnis wart und der Euch kürzlich erst verhört hat.«

»Ich war nie in Zwingenberg und auch in Heidelberg noch nie in meinem Leben!«

»Kennst du mich wirklich nicht mehr, Philipp Friedrich Schütz?«, fragte darauf der Amtmann.

»Woher denn?«, erwiderte Mannefriedrich, und als ihm der Amtmann mit ernster Miene ins Auge blickte, fügte er mit einem spöttischen Lächeln hinzu: »Liebster Herr Amtmann, ich bitte Sie gar schön, betrachten Sie mich nur ganz genau! Ich bin gewiss nicht der, für den Sie mich halten. Man kann sich heutzutage in nichts mehr irren und täuschen als in den Menschengesichtern.«

Der Amtmann schüttelte den Kopf: »Auf Ehre und Gewissen, du bist kein anderer als der erst kürzlich zu Zwingenberg eingesessene und von dort entflohene Philipp Friedrich Schütz!«

Um diese mutwillige und dreiste Posse zu beenden, ließen wir den Mannefriedrich ab- und seine Frau Catharina vorführen. Sie war über dreißig Jahre alt, wohlgestaltet und trug ihr kleines Kind im Arme, das unentwegt schrie. Die Mannefriedrichin war bereits von Veit Krämer und Andreas Petry zweifelsfrei wiedererkannt worden. Doch zeigte sie sich sogleich als eine treue, ja ebenbürtige Kochemer Frau und leugnete standhaft, in einem näheren Verhältnis zu dem Mann zu stehen, welchen man mit ihr gemeinsam aus Hanau nach Heidelberg transportiert hatte. »Mein wirklicher Mann heißt Friedrich Ruppert, er ist aber mir und den Kindern davongelaufen. In der Gegend von Heidelberg bin ich gänzlich unbekannt und weiß auch nicht, weswegen ich arretiert worden bin.«

Kaltblütig öffnete nun die schöne Lügnerin ihr Mieder und wollte ihren kleinen Säugling an die bloße Brust legen. Um dem Gerichte die peinliche Szene zu ersparen, ließen wir sie fürs Erste von einem Gerichtsdiener auf den Gang hinausführen.

Als Nächstes nun kam ihr siebenjähriger Sohn Johann ins Verhör. Trotz seiner zarten Jugend erwies er sich als ein verstocktes, abgrundtief verderbtes Kind. Wie schon der kleine Leonhard Petry kannte und wusste er rein gar nichts und tat, als wäre er geradewegs vom Himmel gefallen. Selbst als er zwei alten Bekannten, Andreas Petry und Veit Krämer, gegenüberstand, blieb er verstockt und wollte sie nicht kennen. Beide redeten ihm auf das Freundlichste zu, nun endlich, da ja eh schon alles verloren sei, die Wahrheit zu gestehen – aber vergebens.

Wir übergehen die tausendundeins Lügengeschichten, die uns Mannefriedrich und seine Catharina in all den langen Verhörstunden noch auftischten. Die Widersprüche, in die sie sich verstrickten, wurden zu einem unentwirrbaren Knäuel. Selbst als wir aus Zwingenberg den Gefangenenwärter und sogar die sieben Bauern, welche den Mannefriedrich gefasst hatten, vorführten, beharrte dieser Erzhalunke auf seiner Behauptung, niemals in Zwingenberg gewesen zu sein. Kein Erröten, kein Erbleichen, keine Veränderung der Stimme, kein Zurückweichen und kein Zucken im Gesichte verrieten ihn.

Eine derartige Kaltblütigkeit war dem Gerichte noch nie untergekommen und wir mussten befürchten, dass der Prozess dadurch um Monate in die Länge gezogen und eine schnelle Verfolgung der noch freien Mitschuldigen immer schwieriger würde. Wir kamen deshalb zu der Ansicht, ausnahmsweise gegen den Mannefriedrich besondere Zwangsmittel anwenden zu müssen, und ließen beim Großherzoglichen Justizministerium in Karlsruhe anfragen, ob es nicht in diesem außergewöhnlichen Falle einmal erlaubt sei, mit körperlichem Nachdruck die Wahrheit zu erforschen.

Jeder gefühlvolle, jeder rechtlich denkende Mensch wird gewiss mit uns übereinstimmen, dass die mittelalterlichen Foltertorturen zum Segen und zur Ehre der Menschheit endgültig in unserem Lande abgeschafft wurden. Die eiserne Jungfrau, Daumenschrauben, das Streckbrett, Peitschen und glühende Zangen – in unserem Großherzogtum gehört ein solches Instrumentarium zum Glück lange schon in die Rumpelkammer. Dennoch: Unsere Leser werden wohl verstehen, dass sich das Gericht ohnmächtig und außer Stande sah, ohne peinliche Maßnahmen der Frechheit eines solchen Lügenmaules die nötigen Grenzen zu setzen. Nicht länger wollten wir das Spielwerk seiner mutwilligen Bosheit sein. Allerdings hatte man in Karlsruhe kein Verständnis für unsere Bitte und verbot uns die körperliche Züchtigung des Mannefriedrich. Nicht einmal Schläge androhen durften wir.

Also fuhren wir in den Verhören fort und wandten uns ein zweites Mal der Frau des Mannefriedrich zu, wobei wir diesmal eine völlig neue Taktik erprobten. Wir konzentrierten jetzt alle unsere Ermittlungen nur noch auf einen einzigen Punkt, nämlich auf die Geburt ihres jüngsten Kindes, und luden dazu mehrere Zeugen vor das Gericht.

Zunächst führten wir eine ihrer besten Freundinnen vor, Eva Selser, die Beischläferin des Veit Krämer, die ebenfalls einen Säugling im Arme trug und ihr sogleich ins Gesicht sagte: »O Cathrine! Du bist die Mannefriedrichin und keine andere. Wir haben zusammen gelegen in Katzenbach beim selben Bauern, in derselben Scheuer, im selben Heu und haben dort ja vor drei Monaten beide zugleich unsere Kinder geboren. Sag die Wahrheit,

Cathrine, dass der Veit deinen kleinen Georg über die Taufe gehalten hat und dass der Mannefriedrich der Vater ist!« Catharina aber blickte nur gleichgültig in die Luft und beschäftigte sich mit ihrem Kinde. Als wir drohten, den Säugling einer Amme zu geben, falls sie weiter schweigen würde, spuckte sie vor Eva Selser aus und sagte: »Die ist doch eine Arrestantin wie ich! Solche Leute erkenne ich gar nicht als Zeugen an. Das sind ja keine ehrlichen Menschen! Ich muss mir in diesem Augenblicke nur alles gefallen lassen, weil ich in den Händen der Obrigkeit bin!«

»Nun, wenn Euch Euere Freundin nicht ehrlich genug ist wir haben vorgesorgt!«

Auf einen Wink erschienen drei Einwohner des Ortes Katzenbach: der Eigentümer der Scheuer, in welcher vor gut drei Monaten die Kinder der beiden Frauen zur Welt gekommen waren, dessen Knecht sowie der Schulmeister von Katzenbach. Diese traten ihr nur stumm und ernst entgegen, Catharina jedoch erklärte hastig: »Ich kenne die nicht und die mich auch nicht!«

»Aber es ist der Bauer dabei, in dessen Scheuer Ihr Obdach fandet zur Geburt Eures Kindes! Seht genau hin!«

Catharina aber wiegte das Kind in ihrem Arme und starrte auf die Wand mit dem Bilde des Großherzogs. »Ich habe diese Leute noch niemals gesehen.«

Jetzt wurde auch noch der Veit Krämer von einem Wachsoldaten herbeigeführt. Wir fragten, wer die ihm gegenüberstehende Frau sei.

»Es ist meine liebe Gevatterin Cathrine, die Ehefrau des Mannefriedrich, welche zu gleicher Zeit mit meiner Eva in Katzenbach niedergekommen ist.« Catharina blickte traurig auf den gefesselten Veit Krämer und sagte mit leiser Stimme: »Ja, es ist wahr, dieser Mann hier ist der Taufpate meines Kindes, und jener Mann, der von Hanau zusammen mit mir hierher geliefert wurde, ist wirklich der Mannefriedrich. Wegen meines Leugnens bitte ich um Verzeihung, aber ich musste es tun, weil mein Mann gedroht hat, dass er mir Arme und Beine entzwei-schlägt, wenn ich die Wahrheit sage.«

Nach diesem Erfolge wurde am nächsten Tage Manne-friedrich selbst wieder verhört.

Wir geben einen Auszug aus dem Protokoll:

»Bleibt Ihr weiter bei Eueren Angaben?«

»Was ich gesagt habe, gnädiger Herr, dabei bleibe ich.«

»Seid Ihr wirklich der Porzellanhändler Johannes Gold-mann?«

»So heiße ich. Das ist wirklich mein rechter Name.«

»Kennt Ihr wirklich die Weibsperson nicht, welche zu-sammen mit Euch aus Hanau gebracht wurde?«

»Ich kenne sie nicht.«

»Auch den Buben nicht?«

»Nein.«

»Ist das Weibsbild nicht Eure Frau und der Bub Euer Sohn?«

»Nein.«

»Kennt Ihr einen Friedrich Ruppert?«

»Nein.«

»Den Mannefriedrich?«

»Auch nicht.«

»Den Veit Krämer?«

»Nein.«

Und so fort. Wir fragten alle am Raubmorde beteilig-ten Gauner durch sowie ihre Kinder, Beischläferinnen, Geliebten und Frauen. Mannefriedrich blieb unerschüt-tert und sprach am Ende frech und lästerlich: »Nein, ich kenne niemand als Gott!«

Daraufhin begannen wir mit den Gegenüberstellungen und ließen die Zeugen nacheinander in das Verhörzim-mer bringen. Veit Krämers Beischläferin Eva Selser, deren

Mutter und schließlich Veit Krämer selbst sagten ihm ins Gesicht, dass er Mannefriedrich und der Gevattermann des Veit Krämer sei. Doch Mannefriedrich zuckte ungerührt die Achseln und lachte: »Wie kommt er dazu? Das ist nicht wahr!«

Nur als Andreas Petry auf ihn zutrat, ihn freundlich begrüßte und seinen Freund nannte, erregte sich Mannefriedrich: »Das ist gelogen! Das lügst du in deinen Hals hinein!«

Nun aber spielten wir unseren letzten Trumpf aus und holten seine Frau Catharina mitsamt dem Säugling herein. Nach langer Zeit sahen sich die Gatten so zum ersten Mal wieder.

»Das ist mein Ehemann Friedrich Schütz«, murmelte Catharina bleich.

»Wie kommt sie dazu? Es ist nicht wahr!«, antwortete Mannefriedrich kalt und würdigte sie keines Blickes.

Darauf trat der siebenjährige Johann auf und sagte: »Er ist mein Vater.«

Mannefriedrich aber brach in ein schallendes Gelächter aus, konnte kaum noch beruhigt werden und schloss mit höhnischer Stimme: »Da bekomme ich ja allerlei Leute zu sehen!«

Ein weiteres Mal blieb uns nichts anderes übrig, als die Vorführung abzubrechen und den Mannefriedrich in sein Gefängnis zurückbringen zu lassen.

So also hatte dieser Lügenmeister den Aussagen von acht vereidigten Zeugen, zwei Mitschuldigen, zwei Kochemer Frauen sowie der eigenen Frau und des eigenen Sohnes widerstanden und ließ uns in absoluter Ratlosigkeit zurück.

Aber die Einsamkeit des Kerkers, die Trennung von seiner Frau und allen Gefährten bewährten sich letztendlich auch als ein wirksames Folterinstrument. Abgetrennt von jeder Nachricht, wuchsen in Mannefriedrich die Ungewissheit und Unsicherheit mit jedem Tage. Es musste ihn wurmen, dass über ihn ausgesagt und womöglich gerichtet wurde, ohne dass er etwas davon erfuhr. Auch die Sehnsucht nach seiner Catharina und den Kindern mag eine Rolle gespielt haben, jedenfalls ließ er sich nach etlichen Tagen freiwillig zum Verhöre melden. Anfänglich wollte er nicht recht mit der Sprache heraus, verlangte, zuvor noch seine Frau zu sehen, doch gingen wir auf solche Bedingungen nicht ein und taten im Gegenteile so, als wüssten wir schon alles und hätten nicht das geringste Interesse an seinem Schuldgeständnis.

Nun endlich begann er auszusagen: »Das Weibsbild, welches man mir vorstellte, ist wirklich meine ordentliche Ehefrau. Sie heißt Anna-Catharina und kommt aus Otschbach, wo ihre Eltern eine Mühle hatten. Das eine Kind, den Johann, hatte sie schon vorher von einem anderen Manne, ich weiß nur nicht, von wem. Das Kleine, welches sie auf dem Arme trug, ist aber von mir. Ich habe mich und meine Familie bisher vom Korbflechten ernährt und mich gewöhnlich in der Gegend von Frankfurt, Gießen, in der Wetterau und im Hessenlande aufgehalten.«

»Da du nun wirklich der Philipp Friedrich Schütz bist, wie verhält es sich mit Zwingenberg?«

»Ja, ich war dort im Gefängnis wegen der schönen Kleider und anderer Sachen, die ich und meine Kameraden bei uns hatten.«

»Woher stammten denn diese Sachen?«

»Veit Krämer, Andreas Petry, Hölzerlips, Basti, der lange Andres und ich haben sie auf der Bergstraße von zwei Reisenden genommen. Ich kann die Gegend nicht genau bestimmen. Der lange Andres wusste den Weg. Hölzerlips hielt die Pferde und der lange Andres, Andreas Petry und Basti haben die Reisenden so jämmerlich geschlagen, dass ich zu Andreas Petry sagte: Wenn ihr den Leuten schon die Sachen nehmt, so misshandelt sie doch nicht gar so grausam!

Doch der lange Andres meinte: Die reichen Herren haben Prügel verdient. Wenn sie uns einmal bekommen, machen sie es auch nicht anders.

Zu Anfang versuchte ich noch, sie abzuhalten, es fruchtete aber nicht. Ich wollte, der Donner hätte die jungen Teufel erschlagen, dann wäre ich nicht in dieses große Unglück geraten mit meiner Frau und den Kindern. Das war auch das erste Mal in meinem Leben, dass ich irgendjemandem etwas entwendete.«

»Das glauben wir dir nicht.«

»Ja, freilich, das gestehe ich ein, dass ich manchmal aus Not Kartoffeln, Käse, Eier und sonstige Kleinigkeiten an Lebensmitteln entwendet habe.«

»Wie konntest du aus dem Gefängnis von Zwingenberg entfliehen?«

»Ein Mann, den ich nicht kenne, hat mir geholfen.«

»Einer der Wärter oder Soldaten?«

»Nein. Ich kenne ihn nicht. Mein Befreier hat mir einen Meißel durch ein Loch in der Türe zugeschoben. So konnte ich das Schloss sprengen und davonlaufen. Das Hoftor war bloß angelehnt. Ich habe diesen Mann nicht gekannt.«

»Das ist nicht glaubhaft!«

»Lassen Sie mich doch nur mit meiner Cathrine zusammen, dann will ich Ihnen mehr sagen und auch den Fleischmann machen!«

»Den Fleischmann?«

»Ich werde Ihnen verraten, wo Sie den langen Andres finden können. Ich kenne alle Schlupfwinkel und Kochemer Bayes im Odenwald.«

»In Oberlaudenbach?«

»Auch da. Lassen Sie jetzt die Cathrine zu mir?«

»Nein! Wir brauchen keine Spitzeldienste, sondern dein volles, freimütiges Geständnis.«

»Nun, dann weiß ich nichts mehr anzugeben, als dass

ich, nur weil mir ein Pass fehlte, zweimal zu Bergen im Arrest war. Die großen Herren sind selbst schuld daran, dass wir stehlen müssen. Geduldet werden wir nicht, Pässe bekommen wir auch nicht. Wir dürfen also weder reisen noch irgendwo aufgenommen werden. Und leben wollen und müssen wir doch!«

Wir beendeten nun das Verhör. Der Schriftführer verlas noch einmal sämtliche Fragen und Antworten. Während dieser Vorlesung bückte sich der Mannefriedrich plötzlich nach einem zufällig auf dem Boden liegenden Papierstückchen und bat am Ende, darauf etwas schreiben zu dürfen. Wir erlaubten es ihm, und er schrieb einige Worte, teils in Fraktur-, teils in Kurrentschrift. Mit einem selbstzufriedenen Lächeln überreichte er mir das Zettelchen.

Anscheinend wollte er beweisen, dass er etwas Besseres war. Wir taten ihm den Gefallen, belobten seine Schreibkunst und die Geschicklichkeit seiner Hand. Der Text des Zettels hatte keinen weiteren Belang für die Verhöre. Es handelte sich um eine Zeile aus dem Vaterunser: »Unser täglich Brot gib uns heute!«

»Wir werden diese Schriftprobe zu den Akten nehmen, Friedrich Schütz.«

»Das ist der richtige Platz!«, erwiderte Mannefriedrich und ließ sich, nunmehr eigenartig vergnügt, in seinen Kerker zurückführen.

Überhaupt war es eine schwache Seite des Mannefriedrich, dass er sich für klüger als alle anderen seiner Genossen hielt und dafür anerkannt werden wollte. Diese Schwäche war es denn auch, durch die wir am meisten von ihm erfahren konnten.

Die letzten Tage des Mannefriedrich

Fortsetzung des Berichts von Stadtpfarrer Theophor Dittenberger:

Mittwoch, 29. Juli 1812

Es lässt sich gut beten mit dem Mannefriedrich. Wahrscheinlich hängt dies mit seiner Vorliebe für die Poesie zusammen, kann er doch viele Lieder aus dem Gesangbuche auswendig hersagen, hat aber auch viele Bibelstellen im Kopf. Bei einer besseren Erziehung – ich erkläre dies in vollem Ernste! – und in besseren Verhältnissen hätte am Ende vielleicht sogar ein Schulmeister oder ein Pfarrer aus ihm werden können.

Allerdings ist er ein wenig hochmütig, will in Glaubensfragen gern glänzen und bisweilen sogar manches besser wissen als sein Seelsorger. Doch habe ich ihm schon gleich zu Anfang offen, aber sanft seine witzelnden Bemerkungen untersagt und ihm erklärt, dass zur Eitelkeit in seinem jetzigen traurigen Zustande wahrhaftig kein Grund bestehe. Mannefriedrich hat dies auch eingesehen und sich bei mir für seine Vorwitzigkeit entschuldigt. Insgesamt aber muss ich zu meiner eigenen Verwunderung feststellen, dass dieser rohe, verwilderte Raubmörder eine hervorragende Kenntnis sämtlicher Religionswahrheiten, auch der kirchlichen Unterscheidungslehren, besitzt und dass es sich mit ihm gar trefflich über die Bibel disputieren lässt.

»Wäre ich immer so geblieben wie zur Zeit meiner Konfirmation«, sagte Mannefriedrich zu mir, »so säße ich jetzt nicht in Eisen und käme dem Scharfrichter nicht unter das Schwert!«

»Durch wahre Reue und Buße, durch ein aufrichtiges

Beten und Bekennen«, tröstete ich ihn, »kann dir immer noch geholfen werden. Der Herr Stadtdirektor hat zugestimmt, dass wir gemeinsam noch einmal das heilige Abendmahl feiern können – da will ich mit dir um die Vergebung deiner schweren Sünden beten.«

»Und ich? Was ist mit mir?«, erklang eine traurige Stimme aus der Ecke des Besuchszimmers, wohin sich Andreas Petry mit seiner Klarinette zurückgezogen hatte. »Mannefriedrich braucht doch Ihre Gebete nicht, er kann ja selber beten, aber ich – ich kann es doch nicht so schön. Oh, wenn mich doch meine Eltern nur etwas anderes gelehrt hätten als Stehlen und die Kochemer Zinken und Kniffe, dann könnte ich auch so schön beten wie der Mannefriedrich.«

»Es tut mir leid, ich kann dich nicht zum Abendmahle nehmen, Andres«, sagte ich mit traurigem Ernste. »Du bist weder getauft noch konfirmiert auch fehlt es dir an den Grundbegriffen unseres christlichen Glaubens.«

»Ich will aber das Abendmahl haben!«, schrie der Andres und stampfte mit dem Fuße auf den Boden. »Die anderen haben weit mehr getan und schon viel länger und sie dürfen zum Abendmahle und in den Himmel kommen, nur ich allein soll es nicht haben und werde doch auch geköpft!« Verzweifelt krümmte er sich auf dem Liegebette zusammen und begann bitterlich zu schluchzen.

»Du darfst mit dabei sein und uns zuschauen«, redete ich dem Unglücklichen zu. »Aber es fehlt dir ja leider an allen Grundbegriffen.«

»Nein!«, schrie der Andres erregt und sprang trotz seiner Fesseln von seinem Lager auf. »Nein! Ein wenig weiß ich, der Mannefriedrich hat es mir ja immer vorgesprochen. Ich kann den Glauben beten, Vaterunser, Hilf, Helfer, hilf in Angst und Not ..., Jesu, geh voran ...«

»Gut, gut«, unterbrach ich, über das verzweifelte Bitten des Neunzehnjährigen im Tiefsten erschüttert. »Aber für einen ganzen Konfirmationsunterricht ist die Zeit jetzt zu kurz. Bis zum Abendmahle sind es ja nicht einmal mehr vierundzwanzig Stunden!«

Mannefriedrich war währenddem nachdenklich auf- und abgegangen. »Es könnte doch gehen!«, meinte er plötzlich. »Wenn Sie den Stadtdirektor bitten würden, dass man den Andres und mich wieder zusammenlegt, so kann ich ihn vielleicht noch das rechte Beten lehren. Auch könnte ich ihm die wichtigsten Christenworte – wie Glaube, Liebe, Gewissen, Hoffnung und Gerechtigkeit – mit einer Kreide auf die Wand malen, damit er sie lesen und sich schnell einprägen kann.«

»Das Zusammenlegen schlag dir aus dem Kopfe!«, erwiderte ich. »Und wie soll denn der Andres das lesen, er hat es doch niemals gelernt.«

»Doch!«, ereiferte sich Andreas Petry. »Geben Sie mir das Gesangbuch, Herr Pfarrer!«

Ich reichte dem Andres kopfschüttelnd mein Gesangbuch.

Er setzte sich zu mir auf einen Schemel, blätterte nachdenklich die Seiten durch und zeigte mit einem Male stolz auf einen der Buchstaben: »Dieses ist ein A, damit beginnt ja mein Name, und dies ist ein K und dort das M wie beim Mannefriedrich. Der hat mir ja alles im Zuchthause einmal beigebracht, das ganze lange ABC ...« Stolz lächelte er zu mir auf und ich klopfte ihm freundlich auf die Schulter. »Na, siehst du, Andres, fürs Lernen darf es nie zu spät sein. Deshalb wollen wir noch einmal den Versuch wagen. Vielleicht kann dir der Mannefriedrich tatsächlich aus deinen Buchstaben noch die wichtigsten Begriffe zusammensetzen – wenn ihr beide das wirklich wollt.«

»Wir wollen es!«, strahlte Andreas Petry. »Am Ende treffen wir dann doch noch alle wieder im Himmel zusammen, du musst es mich nur lehren, Mannefriedrich, wie man von Herzen fromm wird.«

Mannefriedrich nickte stumm und gemeinsam sprachen wir nun den Katechismus durch. Doch sosehr Andres in dieser Stunde es auch wollte, begreifen konnte er unsere evangelischen Glaubenslehren nicht so recht. Er wiederholte sehr kindlich, was wir ihm vorsagten, und als ich ihn einmal fragte, ob er es denn auch verstehe, antwortete er: »O ja, Herr Pfarrer, ich glaub Ihnen alles, was Sie mir sagen. Wenn's nicht wahr wäre, würden Sie es doch nicht behaupten und ich will ja doch mit den anderen zum Abendmahle und bereuen und in den Himmel!« Am Ende dieses merkwürdigen Unterrichtes bereitete ich die beiden Gefangenen auf den letzten Besuch ihrer Angehörigen vor. Vor Freude über die Erfüllung ihres sehnlichsten Wunsches traten ihnen die Tränen in die Augen.

»Jetzt reut es mich sehr«, sagte Mannefriedrich, »dass ich mein kleines, unschuldiges Kind so mit der Schande bedecke und ich habe Angst, dass es später einmal mit Abscheu an mich denken wird. Dabei, der Herrgott weiß es, wenn die Weibsbilder und die kleinen Kinder nicht wären, so hätte man mich niemals erwischt und auch den Hölzerlips nicht. Aber weil es die Liebe gibt und es ja auch Gottes Wille ist, dass man für die Seinen sorgt – deshalb wird man nun eingesperrt und lebt bald überhaupt nicht mehr. Wie kann einer denn weglaufen, wenn die Frau einen dicken Bauch oder einen Säugling hat? Nach dem Unglücke bei Hemsbach hätte ich gewiss ebenso gut wie der lange Andres entfliehen können – ich kenne genug Kochemer Häuser im Odenwalde und wäre nach Dänemark oder über das große Wasser in die Neue Welt gegangen, wenn ich mich nur hätte losreißen können von den Meinigen, von diesem winzigen Kinde. Und jetzt, was soll jetzt werden, wenn sie keinen mehr haben, der sie ernährt und ihnen hilft?«

»Du darfst nicht vergessen, dass du deine Schuld bereuen willst – klage dich also selber an! Vertraue auf

Gott! Unsere Gemeinde wird für deine Witwe und die Waisen am Hinrichtungstage eine Kollekte eröffnen und Geld sammeln.«

»Und meine Schwester mit ihren Kindern?«, fragte Petry. »Bekommt die auch etwas davon?«

»Gewiss!«, erwiderte ich. »Und wenn ihr bei eurem letzten Gange einen frommen und gottesfürchtigen Eindruck hinterlasst, so werden sich die Herzen der Heidelberger Bürger gewiss öffnen und die Spenden reichlich fließen.«

»Wenn es meiner Schwester nützt, dann will ich mich rasch bekehren«, freute sich Andreas Petry. »Möge der Herrgott gutes Wetter machen, damit wir recht viele Zuschauer haben und einen Batzen Geld!« Am Nachmittag wurde ich vom Stadtdirektor benachrichtigt, dass Catharina Schütz, die Frau des Mannefriedrich, mit ihren beiden Kindern und Margaretha Petry, die Schwester des Andres und einstige Beischläferin des Basti, vor dem Gefängnis eingetroffen waren. Ich eilte hinzu und bereitete die Angehörigen auf diese letzte Begegnung vor. Besonders redete ich der Margaretha Petry, die ja von ihrem Bruder so inniglich geliebt wurde, mit Nachdruck in das Gewissen und belehrte sie, wie sie sich durch liebreichen, schwesterlichen Zuspruch noch am Rande des Todes einen Verdienst um die Seele ihres Bruders erwerben könne. Heftig weinend versprach sie, den Andres zu seiner Bekehrung zu ermuntern. Danach wurden die Frauen mit ihren Kindern in das Gefängnis geführt und zu den Ihrigen eingelassen.

Ohne mich eingehend auf das Erschütternde dieses ganzen Auftritts einzulassen hier nur einige Worte: Als Mannefriedrich sein kleines, etwa fünf-vierteljähriges Kind an der Brust seiner Mutter erblickte, vergaß er für einen kurzen Augenblick die Last seiner Ketten und griff – trotz der eisernen Stange, welche das Zusammenführen der Arme verhinderte – mit beiden Händen nach dem Kinde. Die Mutter gab's ihm auf seine gefesselten Hände, Mannefriedrich konnte es aber nicht halten, und da er die Unmöglichkeit sah und das Kind heftig zu weinen anfing –, rief er: »Ach, Gott, kann ich denn mein eigenes, liebes Kind nicht einmal an das Herz drücken!« Er hob das Kind ein wenig in die Höhe, sah es wehmütig an und küsste es mehrmals.

Als nun der etwa zehnjährige Knabe – welcher freilich nur sein Stiefsohn ist – den mit schweren Ketten beladenen Vater erblickte, eilte er auf ihn zu und rief: »Lieber Vater, ach, du mein lieber Vater!«

Und da er ihm gern seine kindliche Liebe beweisen wollte, so hielt er dem Mannefriedrich unter einem Strome von Tränen für längere Zeit die schwere eiserne Stange in die Höhe, um ihm so die Last zu vermindern.

Mannefriedrich gab nun seinem Knaben gute Ermahnungen, warnte ihn vor Diebstahl, dem Trunke und anderen Lastern und stellte ihm sein eigenes, trauriges Schicksal als ein Beispiel auf, wohin das Gaunerleben am Ende führe. Seiner Frau aber befahl er, für das kleine Kind treulich zu sorgen und es zum Guten zu erziehen.

»Wenn es einmal größer ist und du meinst, dass es von anderen Leuten über mein schlimmes Leben und mein Ende erfahren könnte, so musst du ihm alles selber sagen, auf keinen Fall soll es ein Fremder tun – damit er mich nicht hasst, wenn ich schon längst nicht mehr auf der Welt bin.«

Danach wandte sich Schütz wieder an mich und bat: »Herr Pfarrer, ich wünsche mir nichts sehnlicher, als dass meine Frau in meiner letzten Stunde dabei sein kann und dass ich im Schinderkarren beim Hinausfahren zum Richtplatze mein jüngstes Kind auf dem Schoße halten kann – dann werde ich ruhiger sterben. Der Ältere, der Johann, aber soll nicht dabei sein, denn er ist zu weichherzig. Ich will ihm lieber meine blaue Jacke vererben.«

Obgleich mir der Stadtdirektor ausdrücklich zur Vorsicht geraten hatte, ließ ich nun die Familie für eine kurze Weile miteinander allein und sah im Hinausgehen, wie sich Catharina neben den Mannefriedrich auf die Bank in seiner Zelle setzte und ihren Kopf an seine Schulter drückte. Und wenn sie ihm dabei tausend Messer und Fluchtwerkzeuge zuschiebt, dachte ich gerührt, so kann und mag ich dieses todtraurige Familienidyll doch nicht länger stören. Bei angelehnter Türe setzte ich mich zu den Gendarmen im Vorraume und las einige Verse aus dem Gesangbuche. Als ich nach einer Weile wieder in die Zelle zurückkehrte, fand ich den Johann mit dem kleinen Kinde am Boden spielend, die Eltern aber, soweit es Ketten und Eisenstreben erlaubten, in einer innigen Umarmung. Ich räusperte mich, und Catharina, deren langes Haar sich aus dem Knoten gelöst hatte, sagte mit tränenerstickter Stimme: »Herr Pfarrer – es war doch unser Abschied!« Dann rückte sie errötend ihr Mieder zurecht und ordnete das Haar.

Andreas Petry, der sich am Vormittag noch so einsichtig gezeigt hatte, war im Gespräch mit seiner Schwester wieder in seine alte, gottlose Wut zurückgefallen. Mein Assistent, der Diakonus Wolf aus Weinheim, der beim Andres in der Zelle gesessen hatte, berichtete, dass beide zusammen zwar sehr über das traurige Schicksal ihres Vaters, des Schwarzen Peter, geweint hätten, dass aber der Andres plötzlich wieder das Jammern und Zittern gekriegt habe. Und als ihn seine Schwester aufforderte, sich doch bekehren zu lassen und für das Abendmahl zu lernen, habe er nur noch geflucht und geschrien: »Himmel und Hölle, das ist doch eh alles eins! Ein Geist will ich werden nach meinem Tode und all denen erscheinen, die mich in dies Elend gebracht haben, und sie kräftig piesacken! Den Veit Krämer aber, der uns durch seinen Verrat unter das Schwert bringt, den schlage ich noch auf dem Richtplatze tot, oder wenn ich das nicht kann, so drehe ich ihm den Hals um, denn er allein ist schuld, dass wir jetzt geköpft werden!«

Entsetzt über diesen Rückfall des Andreas Petry in seine frühere Rohheit, befragte ich ihn noch einmal allein in seiner Zelle nach dem Grunde für sein ungehöriges Betragen. Jetzt wieder weinte er und schluchzte, das habe er nicht so gemeint, wolle es auch niemals wieder tun, sondern nur noch singen, beten und für das Abendmahl lernen, wie seine liebe Schwester es verlangt hätte.

Ich erkannte erschüttert die völlige Haltlosigkeit aber auch die sittliche Verwahrlosung des Andreas Petry, dem jeder klare Begriff von Gut und Böse zu fehlen scheint. Da ich es nicht verantworten mochte, ein so wechselhaftes, zwischen Einsicht und Trotz, zwischen Bosheit und Todesfurcht schwankende Gemüt zum Abendmahle zuzulassen, beschloss ich, das Äußerste zu versuchen, und begab mich zum Stadtdirektor Dr. Ludwig Pfister auf das Rathaus.

»Kraft meines seelsorgerischen Amtes muss ich Sie bitten, für diesen armen, verwahrlosten Menschen, der Recht und Unrecht ja kaum zu unterscheiden vermag, der nicht den mindesten Begriff von Gott und seinen Geboten hat, beim Großherzog um Gnade zu bitten oder um Aufschub der Hinrichtung für sieben Tage, damit wir ihn in den Glaubensgründen noch hinreichend unterweisen können.«

Dr. Pfister schüttelte den Kopf, ging stumm zum Fenster und sah auf die Straße hinaus. »Lassen Sie sich doch bitte nicht verwirren, Herr Pfarrer«, antwortete er nach einer Weile. »Wir können die Hinrichtung nicht mehr verschieben. Hohe Persönlichkeiten haben ihren Besuch angekündigt. Alles ist sorgfältig organisiert, Militär bestellt und in den Gasthöfen logieren bereits die ersten Gäste. Kommen

Sie doch mal ans Fenster und schauen Sie, welch ein Gewimmel von fremden Kutschen, Reitern und Menschen schon jetzt unsere Stadt beherrscht.« »Es geht hier um die Seele eines Menschen!«, erwiderte ich ernst.

»Und was unseren Mannefriedrich anbetrifft, so lassen Sie sich nur nicht täuschen von diesem abgefeimten Verbrecher. Es ist nicht alles Gold, was glänzt. Ich kenne die Frömmelei dieses Schlitzohrs. Er war schon immer ein Meister, wenn es darum ging, seine Zellengenossen gegen uns aufzuwiegeln. Und obendrein hat dieser Gauner der ganzen Bande beständig Unterricht gegeben und einen jeden das Schweigen, Leugnen und Herausreden gelehrt. Vielleicht ist dieses ganze rührende Bekehrungsspiel nur sein letzter böser Trick, die Hinrichtung hinauszuschieben und Zeit für eine Flucht zu gewinnen!«

»Niemals! Ich glaube das nie und nimmer!«, rief ich erregt. »Der Angstschweiß sitzt ihnen ja schon im Nacken und die Todesfurcht. Sie haben sich mit ihrem schweren Schicksal abgefunden und sind nur noch auf ihr Seelenheil bedacht. Kommen Sie morgen zu unserem Abendmahle, Herr Direktor, dann werden Sie ihre Wandlung erleben!«

»Trotzdem – und offen gestanden: In gleicher Lage würde auch ich bis zum letzten Atemzuge auf meine Befreiung setzen!« Dr. Pfister ging zu seinem Schreibtisch und kramte in einem Aktenstoß. »Und weil ich mich kenne – kenne ich auch den Mannefriedrich!«

»Sie glauben also nicht an die Besserung und Bekehrung der Verbrecher im Angesichte ihres Todes?«

»Nein! Nur an ihre fürchterliche Angst glaube ich. Deshalb, Herr Pfarrer, würde auch ein Aufschub nichts mehr ändern, nur die Qualen des Petry verlängern. Und darum bitte jetzt ich: Drücken Sie einmal ein Auge zu! Gönnen Sie dem Petry das Abendmahl, auch wenn er noch nicht hinreichend geschult ist. Es wird ihm Trost und Beruhigung geben! Für alles andere ist es jetzt, da schon am Blutgerüste gezimmert wird, zu spät!«

Ich hatte zwar noch manchen Einwand vorzubringen, musste mich am Ende aber doch der Argumentation des Stadtdirektors geschlagen geben, verabschiedete mich und eilte schleunigst zum Mannheimer Tore zurück.

Hier fuhr ich in meinem schweren Unterricht fort und versuchte gemeinsam mit Mannefriedrich, der mir bis in die späte Nacht hinein in rührender Weise behilflich war, dem Andreas Petry zumindest das Notwendigste noch zu erklären. Als ich zum Abschluss mit beiden Delinquenten – wir saßen im Kerzenschimmer – das Gleichnis vom verlorenen Sohne durchsprach, erklärte Mannefriedrich: »Das bedeutet: Du, Andres, bist der verlorene Sohn und darfst jetzt am Ende trotz aller Verbrechen wieder an die Tafel unseres himmlischen Vaters zurück!«

Hölzerlips

Nun kam auch Hölzerlips zum Sitz
Er konnt' nicht länger passen,
Er mischt die Kart', flink wie der
Blitz,
Und sprach: »Ich will nicht spaßen:
Ich mach' das ganze Spiel zum
Trumpf!«
Dadurch war'n alle Spieler stumpf,
Weil keiner's Spiel, wie er versteht,
Und so macht alle er labeet ...

(Aus dem Kartenspiel-Lied des Mannefriedrich)

Fortsetzung des aktenmäßigen Berichts, aufgezeichnet vom Heidelberger Stadtdirektor Dr. Ludwig Pfister:

Während der Verhöre gegen Andreas Petry, seinen Vater, den Schwarzen Peter, und gegen Mannefriedrich war noch ein weiterer Teilnehmer am Hemsbacher Raub, Georg Philipp Lang, alias Hölzerlips, in einem auswärtigen Gefängnis aufgespürt und unter strengster Bewachung nach Heidelberg überführt worden. Den Hölzerlips, der als einer der schlimmsten und gewaltigsten der Odenwald-Räuber schon seit langem einen denkbar schlechten Ruf genoss, erwartete bereits eine Frau: seine Beischläferin Katharina, die sich »Spitzin« nennt, zusammen mit ihrem buckligen achtjährigen Sohn, genannt »Spitz«. Natürlich hatten auch in diesem Falle Frau und Kind so lange als möglich dem Gerichte getrotzt und den Angaben des Veit Krämer beharrlich widersprochen. So wurde Veit Krämer einmal dem hässlichen kleinen Knaben gegenübergestellt. Er sah ihm ins Gesicht und wollte ihn zur Wahrheit ermuntern: »Ei, Hannes, kennst du mich denn nicht mehr?« Der Bub jedoch hatte – zum Abscheu des Gerichtes – die unerhörte Frechheit, den Veit Krämer mit den schmutzigsten, pöbelhaftesten Ausdrücken anzuklagen, er habe früher einmal seine Mutter fleischlich missbrauchen wollen. Weil sie dieses aber nicht gestattet habe, wolle er sich nun aus Feindschaft an ihr rächen und sie alle ins Verderben bringen. Dieser ungeheuere Vorwurf aus dem Munde eines Kindes verschlug selbst einem geborenen Kochemer und Gauner wie Veit Krämer die Sprache. Er war wie versteinert über solche Frechheit.

»Hast du dieses denn selbst gesehen?«, fragten wir den Knaben.

»Nein!«

»Woher hast du es dann?«

»Das weiß ich nicht zu sagen.«

»Woher weißt du dann aber, dass es der Veit Krämer war, der tun wollte, was du gesagt hast?«

»Meine Mutter hat es mir gesagt.«

»Wann?«

»Schon lange.«

Damit war wenigstens geklärt, wo die Quelle dieser beispiellosen Bosheit sprudelte, wer dem Buben dieses abscheuliche Benehmen eingepflanzt hatte. Hölzerlips leugnete über eine Woche, konnte aber am Ende die Konfrontation mit Veit Krämer, Mannefriedrich, Andreas Petry und den Frauen nicht mehr aushalten und gab seinen wahren Namen, nämlich Georg Philipp Lang, zu.

Wir wollen im Folgenden ein Charakterporträt dieses Erzgauners zeichnen: Dieser gefährliche Räuber, der schon lange den Odenwald und die Umgebung in Angst und Schrecken versetzt hatte, ist über dreißig Jahre alt und wurde im Nassauischen geboren. Schon seine Eltern waren Vaganten, herumziehende Krämer, sind aber keiner Verbrechen beschuldigt. Nachdem er seine Eltern verlassen hatte, heiratete er und betrieb einen Handel mit Zunder und hölzernen Waren – daher auch sein Spitzname Hölzerlips. Trotz allem Mangel an Erziehung ist der Hölzerlips kein ungebildeter Kopf. Er ist der Stärkste unter allen in Heidelberg Verhafteten, und wenn er Branntwein getrunken hat, welchen er bis zum Unsinne liebt, auch der Grausamste und Boshafteste. Er kann seinen Zorn, wenn er ausbricht, nicht dämpfen. Im Kreise seiner Raubgenossen beträgt er sich stets wie der Anführer und wenn er auch leugnet, bei diesem Straßenraube oder jenem Einbruch die Hauptrolle gespielt zu haben, so beweist doch gerade sein überhebliches, herrisches Betragen und die Angst der anderen vor seiner Körperkraft und Wut, dass er fast immer das Sagen hatte. Es ist sogar erwiesen, dass Hölzerlips einen seiner Kameraden, das Zahnfranzen Hennerle, in der Wut totgeschlagen hat. Außer dem Straßenraube bei Hemsbach hat er insgesamt fünfzehn Straßenräubereien und neunzehn Diebstähle bekannt, doch sind es mit Sicherheit wesentlich mehr.

Seine Lebensgeschichte, die er im Verhöre mitteilte, ist nicht ohne Tragik und unter den Menschen seiner Klasse ein wohl typisches Schicksal: »Ich habe mich, wenn auch kümmerlich, immer ehrlich ernährt, obgleich meine Frau, weil wir Kinder hatten, durch Betteln zum Leben beitragen musste. Bis ein Jahr vor meiner Verhaftung kann mir keiner ein Verbrechen nachsagen. Gern hätte ich so auch länger gelebt. Aber man hat mich und die Meinen ja nirgends geduldet, hat uns von einem Land ins andere gejagt. Mehr als hundert Schläge habe ich irgendwo einmal erhalten, ich wurde in einen Gefängnisturm geworfen und auch mein weniges Geld hat man mir abgenommen. Was sollte ich da denn tun? Mich umbringen? Wer sich selbst tötet, kann nie bei Gott zu Gnaden kommen!«

In der Folge kam Hölzerlips auf die Frauen zu sprechen. Die schlimmen Weibspersonen – so meinte er – wären die wahrhaft Schuldigen. Sie würden die Männer, wie den Basti oder den Andreas Petry, schon im Jünglingsalter durch fleischliche Begierde an sich locken und zu Schandtaten anleiten. Unter den Frauen der Vaganten sei manche, die auch schon bei den rheinischen Banden, beim Fetzer oder beim Schinderhannes, dabei gewesen wäre und nun ihre alten Räuberkniffe an die Jungen weitergäbe. »Die Männer müssen rauben gehen, die Frauen aber verschwelgen die Beute. Ja, die Liebe, wie es in dem Liede heißt, die Liebe hat manchen von uns so weit gebracht!«

Dem Angeklagten standen nun plötzlich Tränen in den Augen und rührselig geworden fuhr er fort: »Von diesen Weibsleuten macht es eine wie die andere. Solange es gut geht, wissen sie von allem und machen alles mit. Die Frauen haben von unseren Taten nicht erst hinterher erfahren, sondern wussten sie schon im Voraus. Es ist allgemein unsere Art, wenn wir auf eine Maloche gehen, dass wir es den Weibsleuten sagen und mit ihnen einen Platz ausmachen, wo sie uns wieder treffen können. Das werden die Frauen auch zugeben müssen. Oft haben sie aber auch selbst etwas angestiftet oder ausbaldowert. Außerdem verstehen und sprechen sie fast alle unsere Kochemer Sprache. Aber wenn es einmal schlecht geht, so wollen sie von allem nichts mehr wissen.

Meine eigene Frau, die erste, mit welcher ich ordentlich verheiratet war, ist die eigentliche Ursache meines Elends. Nachdem ich elf Jahre zusammen mit ihr gehaust hatte und wir auch zwei Kinder hatten, wurde ich plötzlich von ihr getrennt und in Bergen wegen Landstreicherei und sonst gar nichts verhaftet. Monatelang ließ man mich im Turme schmachten, so dass ich nichts für meine Frau und meine Kinder tun konnte. In meinem Gefängnis wurde mir das Gerücht zugetragen, ein gewisser Heinrich Pfeiffer hätte jetzt eine Bekanntschaft mit ihr, sie sei sogar seine Beischläferin geworden und mit ihm fortgegangen.

Ohnmächtig saß ich nun in meinem Kerker und sann auf Rache.

Nach meiner Freilassung zog ich sogleich durch die Lande und suchte meine Frau und die Kinder. Ich fand sie in einer alten Herberge, einer Kochemer Beiz, und stürzte mich sogleich auf den Pfeiffer, als sie anfing zu flehen und mir beteuerte, dass der Pfeiffer doch nur als ein guter Freund für sie und die Kinder gesorgt habe. Durch ihn seien sie vor Hunger, Mangel und aller Not geschützt gewesen. Alles andere aber sei eine boshafte Verleumdung. Sie schwor heilige Eide und versicherte mir ihre Treue – da endlich ließ ich den Pfeiffer los und glaubte ihr. Später saßen wir dann in der Wirtsstube beisammen, erzählten uns von den Sorgen und Leiden während der vergangenen Monate und von unserer Sehnsucht nacheinander. Endlich versöhnten wir uns und tranken Branntwein. Aller Groll war vergessen, die Liebe wieder neu, und wir feierten in die Nacht hinein, so lange, bis ich berauscht und besinnungslos auf mein Lager fiel und in einen tiefen Schlaf versank.

Spät am Morgen erwachte ich und bemerkte den ungeheuren Betrug: Meine Frau hatte mich verlassen, war mit dem Heinrich Pfeiffer fortgegangen, die kleinen Kinder aber lagen wimmernd im Grase. So erbärmlich fand ich mich also wieder, dazu ohne Geld, und da ich die kleinen Menschenwesen nicht selbst säubern, auch nicht für mich und diese kochen und flicken konnte, schloss ich mich einer Gaunerfamilie an und war aus Verzweiflung gezwungen, ein Räuberleben zu beginnen.«

Die Erinnerung übermannte den sonst so rohen Räuber und er wischte sich mit seinem Ärmel eine Zornesträne

aus dem Auge. »Denn früher habe ich keine Verbrechen
– außer ein paar Kleinigkeiten – verübt.«

»Wer aber sorgte denn für die Kinder während deiner
Räubereien?«

»Ich lernte eine gute Frau kennen, die mit mir ging,
meine Beischläferin wurde, selbst ein Kind hatte und die
für uns alle sorgte. Diese sitzt jetzt auch zu Darmstadt
im Arrest.«

»So hast du also mit zwei Frauen zusammengelebt.
Und die dritte, welche man mit dem buckligen Knaben
eingeliefert hat?«

»Ich habe sie erst vor Kurzem auf der Straße kennengelernt. Wir haben nur zwei Monate zusammengelebt.«

»Dann ist sie also deine neueste Geliebte?«

»Ja.«

Wir ließen die Mutter des buckligen Knaben daraufhin
hereinführen und fragten den Hölzerlips: »Nun, Georg
Philipp Lang, wer ist diese?«

»Das ist meine Kathrine!«

»Ich will deine Kathrine nicht sein!«, schrie die Frau.

»Du bist es. Ich habe dir doch die goldene Uhr und
die Münze, die Carolin, gegeben nach der Hemsbacher
Maloche!«

»Nein! Das ist gelogen!«, schrie die Frau in unbän-
digem Ton.

Wir versuchten nun, ihr boshaftes Leugnen mit allem
Ernste, mit Geduld und Güte zu durchbrechen. Sie blieb
jedoch hartnäckig.

Um die Uhr und das Geld wiederzuerlangen und dem
rechtmäßigen Besitzer, dem Handelsmanne Hanhart,
zurückgeben zu können, war nun freilich eine außerge-
wöhnliche Maßnahme vonnöten.

Zweifellos würde das Großherzogliche Justizministerium – das zeigte unsere bisherige Erfahrung – auch
in diesem Falle einer körperlichen Züchtigung niemals

zustimmen, andererseits aber war bei dieser boshaften Weibsperson die höchste Eile geboten, um gegebenenfalls Uhr und Carolin noch zu retten, bevor sie in fremde Hände gerieten. Wir beschlossen deshalb – auch auf die Gefahr eines Verweises hin –, dieses altbewährte Erforschungsmittel der Wahrheit zu riskieren, und drohten der »Spitzin« mit körperlicher Züchtigung. Sie leugnete aber weiter. Daraufhin nun wurde sie entblößt und erhielt sechs Farrenziemerstreiche, doch sie leugnete bei jedem Schlage. Beim siebenten endlich gab sie auf und erklärte: »Ich will nun eingestehen, wo ich die Uhr vergraben habe. Zuerst aber muss der Lips seine fürchterlichen Worte zurücknehmen! Er hat ja gedroht, dass er mir den Hals abschneiden will, wenn ich die Uhr verrate.«

Hölzerlips nahm daraufhin freiwillig seine Drohung zurück und Katharina Weiß bekannte, die Uhr zu Steinheim im Gefängnis vergraben zu haben. Die Uhr fand sich, die goldene Carolin hingegen, die ihr Bub zu Heppenheim vor einem Gasthofe in den Abtritt geworfen haben wollte, wurde nicht gefunden. Immerhin konnte jedoch durch unsere wagemutige Maßnahme, die zugegebenermaßen nicht mehr der modernen Prozessordnung entspricht, dem Kaufmann die Uhr gerettet werden. Der Untersuchungsrichter darf sich übrigens glücklich schätzen, dass der befürchtete Verweis für die sieben Farrenziemerstreiche bis zum heutigen Tage ausgeblieben ist.

Dass uns mit dieser Kathrine übrigens ein nicht geringer Fisch ins Netz gegangen war, erfuhren wir wenig später. Der wirkliche Name der »Spitzin« lautete Katharina Orthweis und sie war eine Tochter des berüchtigten alten Räubers, Baldowerers und Scherenschleifers Hannes. Diese Erzgaunerin, die auch zur überrheinischen Bande des Anton Keil gehört hatte, war bereits von den kaiserlich französischen Behörden in Mainz zum Tode verurteilt worden. Wir sorgten für ihre Auslieferung.

Philipp Friedrich Schütz,
genannt MANNEFRIEDRICH, im Gefängnis

Die letzten Tage des Mannefriedrich

Fortsetzung des Berichts von Stadtpfarrer Theophor Dittenberger:

Donnerstag, 30. Juli 1812

Zusammen mit dem Mannefriedrich war es mir gelungen, den Andreas Petry notdürftig auf das Abendmahl vorzubereiten. Die bedeutsame Stunde war nun angebrochen. Wir hatten den großen Verhörraum feierlich mit weißen Tüchern und einem Tische für die heiligen Geräte hergerichtet. Vor diesem kleinen Altar saßen in der ersten Reihe die vier Delinquenten. Sie wirkten demütig und zeigten andächtige Mienen. Hinter ihnen hatten die Gäste Platz genommen, Herr Stadtdirektor Pfister, Stadtamtmann Wilkens, Sekretär Munzinger, der großherzoglich hessische Peinliche Richter Herr Brill aus Darmstadt, Herr Kirchenrat Schwarz sowie ein aus dem Mannheimer Zuchthause zur Konfrontation geführter Häftling. Dort in Mannheim hatten die Delinquenten nach dem Ende der Hauptverhöre eingesessen. Hinter dem Tisch standen wir Prediger, Herr Kirchenrat Wolf und ich, an der Türe die Wachen und andere Soldaten. Beichte, Absolution und Abendmahl will ich hier nicht im Einzelnen schildern. Ich will nur festhalten, dass die ganze Zeremonie bei allen Anwesenden den tiefsten Eindruck hinterließ. Keiner von uns, selbst der ansonsten so beherrschte und ruhige Mathias Österlein, konnte sich der Tränen enthalten. Und niemals werde ich das schreckliche Rasseln der Ketten aus dem Ohr verlieren, mit dem die vier armen Sünder aufstanden und zum Empfang des gesegneten Brotes und des gesegneten Weines vor uns niederknieten.

Nachdem wir die Feier mit einem stummen Gebete beendigt hatten, trat Mannefriedrich plötzlich hervor.

»Nun, Brüder«, sprach er, »nun wollen auch wir einander verzeihen und allen vergeben, die uns beleidigt und in dieses Elend gebracht haben.«

Hölzerlips, Mathias Österlein, Andreas Petry und Mannefriedrich fielen einander wechselseitig in die Arme und küssten sich. Dann umarmten sie auch den beisitzenden Gefangenen aus Mannheim und Mannefriedrich forderte ihn auf, alle ihre Gefährten im Zuchthause zu grüßen und diejenigen in ihrem Namen um Verzeihung zu bitten, welche sie durch ihre Geständnisse mit ins Unglück gerissen hätten. Am Ende schritt Mannefriedrich sogar auf den Stadtdirektor zu und reichte dem Manne, der als Untersuchungsrichter und Kriminalist so großen Anteil an ihrem bitteren Ende hat, versöhnlich seine Hand.

»Mir ist endlich wohl!«, sagte Schütz dann zu allen Anwesenden. »Es ist, als ob eine große Last von meinem Herzen genommen wäre. Ich werfe meine schweren Fesseln bald ab. Ich sterbe jetzt gern, wenn nur die beiden Kinder, der arme Andres und der Basti, nicht mit auf das Schafott müssten! Sie sind doch noch so jung und von den Älteren und den Frauen verführt worden und haben kein anderes Handwerk gelernt als Rauben und Stehlen!«

Jetzt trat auch der Hölzerlips auf den Stadtdirektor zu und sprach mit dem Ausdrucke des tiefsten Schmerzes: »Diese Hand ...« – damit streckte er uns seine Rechte entgegen »diese Hand wollte ich mir abhauen lassen und wenn ich noch einen Kopf hätte, ich wollte auch ihn gern hingeben, nur um diesen Kindern das Leben zu erhalten!«

Ich erklärte beiden, dass der Stadtdirektor keinen Einfluss auf das Urteil des Oberhofgerichtes habe, dass ich mich aber als Seelsorger über ihre mitleidvollen Empfindungen von Herzen freuen würde.

Beim Abschiede trat dann der ansonsten so gefasste Stadtdirektor Dr. Pfister auf mich zu und erklärte mir mit Tränen
in den Augen, dass es ihn nicht nur verwundere, sondern
auch erschüttere, wie sehr sich die Gemütsstimmung der
Gefangenen in den letzten Tagen durch unseren Einfluss ge-
wandelt habe. Nach seiner Kenntnis der Individuen hätte er
eine solche Läuterung und Bekehrung zur Menschlichkeit
niemals für möglich gehalten. Nun sei er durch uns Theo-
logen eines Besseren belehrt worden. Herr Kirchenrat Wolf
und ich dankten dem würdigen Manne und werteten dieses
Lob als einen guten Erfolg unserer Mission.

Die vier Gefangenen baten nun flehentlich, noch ein
Weilchen beisammenbleiben zu dürfen. Wir erfüllten diesen Wunsch gern, weil sie sich in einer selten guten und
aufgeräumten Stimmung befanden und zogen uns in den
Nebenraum zurück. Aus Gründen der Vorsicht jedoch
hörten wir aufmerksam auf das, was sie sprachen.

Die Delinquenten vergaßen nun rasch ihr Gefängnis,
ihre Ketten und selbst den Tod und wurden heiter bis
zum Scherzen. Die Wärterin, eine junge, gemütliche Frau,
hatte ihnen einen Teller mit schwarzen Kirschen auf den
Tisch gestellt. Sie aßen jedoch nur wenig davon.

Der Hölzerlips nahm zwei dieser Kirschen in die Hand,
hob sie etwas in die Höhe, besah sie eine Weile und sprach
dann mit wehmütigem Lächeln: »Diese Kirschen waren
einmal Blüten, dann wurden sie rot, endlich schwarz und
nun werden sie gegessen!« Mit diesen Worten nahm er
die Kirschen in den Mund, biss sie von den Stielen und
fügte hinzu: »So geht's uns!«

Mannefriedrich warnte ihn: »Nimm nicht zu viel, Lips,
sonst kriegst du Bauchschmerzen und brauchst einen Arzt
zu deiner Hinrichtung!« Alle lachten. Mannefriedrich nahm
nun selbst ein paar Kirschen und sagte: »Wir wollen noch
einmal Kirschen essen mit den großen Herren!« Und mit ver-
ächtlicher Miene spuckte er die Kerne auf den Fußboden.

*Das Karlstor, das Gefängnis, aus dem
Sebastian Lutz flüchtete*

Ich hatte diese Szene durch den Türspalt beobachtet,
erhob mich und untersagte dem Mannefriedrich derartige
Scherze. »Es war doch das letzte Mal in diesem Leben!«,
entschuldigte sich der Schelm. »Aber ich weiß noch ein
lustiges Märlein, das Ihnen bestimmt Freude bereitet,
Herr Pfarrer: von einem Soldaten, der schon zum dritten
Mal davongelaufen war und hängen sollte. Dieser stand
unter dem Galgen zu Beerfelden, der Henker kam, legte
ihm den Strick um die Gurgel und zog ihn langsam in die
Höhe. Bevor er aber ganz hinaufkam, riss der Strick und
der Kerl stand wieder unten. Der Henker ärgerte sich
und fluchte: Tausend Teufel, so etwas ist mir in meinem
ganzen Leben noch nicht passiert! Mir auch nicht, sagte
der, welcher hängen musste.« Hölzerlips und Andreas
Petry lachten laut, aber Österlein lächelte nur und sagte:
»Wir werden nicht gehängt, sondern am Schopfe gefasst
und geköpft.«

»Am Schopfe gefasst!« Mannefriedrich grinste und betrachtete den schon etwas kahlen Kopf des Hölzerlips. »An welchem Schopfe soll man denn den Lips anfassen, wo er doch fast keine Haare mehr hat!«

Jetzt kicherten die vier Gauner vor sich hin und Hölzerlips machte eine scherzhafte Bewegung mit der Hand, als wolle er dem Mannefriedrich für diese Neckerei eine Maulschelle erteilen.

Die Wärterin brachte nun vier Becher mit Bier und Hölzerlips zündete sich eine Pfeife an.

»Leg doch morgen einfach den Holzkopf deiner Tabakpfeife auf den Stuhl!«, witzelte Mannefriedrich. »Und sag zu dem Scharfrichter: Dies ist der Kopf des Hölzerlips!« Mannefriedrich blickte sich um und erntete das Lachen seiner Kameraden. Österlein allein blieb ernst und stumm und auf meine Frage, ob denn der Österlein schon immer so ruhig gewesen sei, sagte Mannefriedrich: »Ja. Deshalb sollte man ihn auch besser nicht Österlein, sondern lieber Osterlamm nennen!«

Die Stimmung wurde nun wieder ernster und Andreas Petry meinte: »Ich wollte, wenn ich nicht sterben müsste, keinem Menschen jemals mehr etwas zu Leide tun, und wenn er mir fünf Löcher in den Kopf schlüge, nicht einmal einem Stück Vieh würd ich was tun!«

»Und wovon wolltest du dann leben?«, fragte Hölzerlips. »Oh, dann tät ich Soldat werden und könnte mich schon durchbringen.«

»Hoho!«, lachte Mannefriedrich. »Das wäre dann wohl der erste Soldat, der keinem etwas zu Leide tut! Andres, da wirst du wohl rasch eine Karriere machen! Jetzt erzähl ich dir einmal einen gut passenden Schwank vom Kriegsherrn Napoleon, der auf einem Feldzuge einmal in einem Wirtshaus unerkannt Station machte und aus dem Fenster hinausschaute. Da konnte er nämlich einen Berg sehen, auf welchem ein Galgen stand, aber keine Leich' daran. Da fragte Napoleon den Wirt, warum denn keiner mehr aufgehängt würde.

Monsieur, antwortete der Wirt, wir haben ja keine Räuber und Diebe mehr – der Kaiser hat sie uns alle zu Soldaten gemacht!«

»Das ist gewiss eine wahre Geschichte«, lächelte Hölzerlips, »aber wenn die Kriege vorbei sind, werden die Soldaten zu Räubern wie wir, stimmt's?«

Hölzerlips nahm jetzt seinen Becher, hob ihn mir entgegen und rief: »Prost, Herr Pfarrer, nehmen Sie diesen Becher! Ich habe beim Abendmahle Ihren Wein getrunken, jetzt müssen Sie auch mein Bier trinken!«

Ich schüttelte den Kopf. »Danke schön, nur habe ich keinen Durst jetzt.«

Hölzerlips wiederholte: »Keinen Durst?«, und zeigte sich tief gekränkt. »Oder wollen Sie nichts nehmen von einem armen Sünder? Habe ich denn kein menschliches Herz?« Erneut hielt er mir auffordernd seinen Becher entgegen.

»Gewiss, gewiss doch!«, erwiderte ich rasch. »Gern trinke ich aus einem Becher mit dir!« Ich nahm jetzt einen Schluck und sogleich strahlten die Augen der vier Delinquenten vor dankbarer Freude. »Der Herr Pfarrer trinkt mit uns vom Bier«, lächelte Österlein. Und Andreas Petry sagte: »Wenn meine Schwester das sehen könnte, wie stolz wäre sie da!« Damit nahm er den Becher, trank hastig einen Schluck und reichte ihn an Österlein weiter. »Aus ein und demselben Becher!« Als diese Szenen dunkelsten Humores endlich beendet waren und ich den Mannefriedrich bei seiner Rückkehr in die Zelle auf sein eigenartiges Betragen ansprach, erwiderte er mir: »Wir sind nun noch einmal froh beieinander gewesen wie früher im Walde an unseren Lagerfeuern. Es ist wohl die letzte Freude in der Welt, die ich gehabt habe, und etwas Böses habe ich ja nicht geredet. So muss man des Todes Bitterkeit vertreiben.«

Sebastian Lutz

Basti, der auch nach Heidelberg
Zum Spiel war invitieret,
Der dachte gleich: Das Spiel geht zwerg,
Da bist du angeschmieret.
Denn, sieh, die Kart' ist trümpfevoll
Nein! Dieses Spiel ist mir zu toll.
Zuletzt ward er doch noch verführt
Zum Spiel und glücklich angeschmiert.

(Aus dem Kartenspiel-Lied des Mannefriedrich)

Fortsetzung des aktenmäßigen Berichts, aufgezeichnet vom Heidelberger Stadtdirektor Dr. Ludwig Pfister:

Das Stadtamt Heidelberg konnte zufrieden sein: Mit Mathias Österlein, der freilich am Hemsbacher Raubmorde selbst nicht beteiligt gewesen war, und dem siebzehnjährigen Sebastian Lutz saßen nunmehr allein in unserer Stadt sechs kapitale Verbrecher gefangen und das Hauptverhör konnte endlich zum Abschluss gebracht werden.

Sebastian Lutz war in Wertheim gefasst worden, als er gerade Anstalten machte, seine dort gefangene Geliebte Margaretha Petry, die Tochter des Schwarzen Peters, aus dem Kerker zu befreien.

Sebastian Lutz, vulgo Basti, wurde in Neckargerach als Sohn im Übrigen unbescholtener Vaganten geboren. Wegen seiner außergewöhnlichen geistigen und künstlerischen Fähigkeiten wurde er als Schulknabe besonders geschätzt. Der Vater verließ aber damals gerade jene Gegend im Odenwalde und befahl seinem Sohne mit ihm zu ziehen. Sebastian folgte, blieb aber nicht lange bei seinem Vater, sondern verließ ihn nach wenigen Monaten und trieb sich nun bei englischen Reitern, Marionettenspielern und Schaustellern, welche Lappländer und Liliputaner für Geld zeigten, herum. Doch entwickelte er zugleich sein musikalisches Talent und war bald mit seinem Saitenspiele auf den Jahrmärkten und Kirchweihfesten ein gern gesehener Gast.

Hier traf er auch mit Andreas Petry zusammen, der ebenfalls als ein Musikant umherzog. Jugend, Frohsinn und gleiche Beschäftigung knüpften schnell das Band ihrer Freundschaft. Durch Andreas Petry wurde Sebastian Lutz auch in den Familienzirkel des Schwarzen Peters eingeführt und lernte schließlich Margaretha Petry kennen, eine Frau, die bereits von einem gewissen Lüttich ein Kind der Liebe besaß. Dieses verworfene Frauenzimmer nun lockte den noch im Jünglingsalter befindlichen Sebastian Lutz an sich, wurde seine Beischläferin und zog mit ihm bis zu seiner Verhaftung durch die Welt. Von ihr, der Lieblingstochter des Schwarzen Peters, so darf man annehmen, lernte der noch unverdorbene Knabe die Anfangsgründe des Räuberhandwerks.

Sebastian Lutz ist vielleicht von allen eingefangenen Räubern der munterste, aufgeweckteste, mutwilligste und, den Mangel an Erziehung abgerechnet, auch der gescheiteste zugleich aber gewiss der ausdauerndste und zäheste. Hölzerlips, der bekanntlich nur ungern einem anderen den Vorrang zugesteht, sagte einmal im Vertrauen: »Basti ist der Härteste von uns allen. Wenn der bis zu seinem dreißigsten Jahre als Räuber fortgelebt hätte, so wäre der Schinderhannes nichts gegen ihn gewesen!«

Auch Sebastian Lutz leugnete lange und hartnäckig. Was er mit seiner verbissenen Schweigsamkeit erreichen wollte, sollten wir bald schon erfahren.

Nachdem wir ihn am 21. Juni einen ganzen Tag lang bis in die Abendstunden hinein vergeblich befragt hatten und er endlich wieder in sein Gefängnis auf das Tor gebracht worden war, stürzte nur eineinhalb Stunden später, gegen 10 Uhr, der Gefängniswärter Fink aufgeregt in das Rathaus und stammelte, dass sein Häftling soeben auf unerklärliche Weise aus dem Gefängnis ausgebrochen und entflohen sei. Der Wachsoldat habe den Flüchtenden erst bemerkt, als der bereits aus dem Fenster gesprungen und in die nahe liegenden Felder rannte. Eine Kugel aus dem Gewehr des Soldaten habe den Flüchtenden nur knapp verfehlt.

Die unglaubliche Meldung kam völlig überraschend und versetzte uns in große Unruhe. Sofort nahmen wir die Sache persönlich in die Hand und beorderten – trotz der abendlichen Stunde – sämtliche Schreiber und Sekretäre zu uns in das Rathaus. Extraposten und reitende Boten wurden bestellt und Sekretär Munzinger wurde beauftragt, aus der Bürgerschaft sogleich geeignete Wach- und Streifmannschaften zu bilden, welche mit Hunden die Gärten und Kornfelder absuchen sollten. Wir vermuteten nämlich, dass der Gesuchte, da die Felder gerade in Ähren standen, noch immer in dem wogenden Getreide niederkauerte und nur darauf wartete, sich in der Nacht, von den Halmen geschützt, davonzuschleichen.

Bei der Visitation im Gefängnis ergab sich folgendes Bild: Die schweren Ketten, mit denen Sebastian Lutz kreuzweise geschlossen gewesen war, lagen samt den erbrochenen Schlössern auf dem Steinboden, daneben seine Kleidungsstücke, selbst die Beinkleider und Schuhe. An der Wand lehnte unversehrt das kleine, runde Fenster der Zelle. Es war mitsamt dem Rahmen herausgenommen worden. Vermutlich hatte der Gefangene hierbei auch jenes spitze Eisen gefunden, welches ihm erlaubt hatte, die Ketten zu sprengen. Wenig später musste er nahezu nackt, nur mit einem Hemde bekleidet, durch die engen Gitterstäbe vor dem Fenster geschlüpft sein. Danach war er an einem Seile, welches er zuvor aus seiner zerrissenen Decke geknüpft haben musste, gut acht Ellen tief an der Außenwand hinabgeklettert, bis ihm am Ende nur noch zehn Schuh fehlten, die er gesprungen ist. Wir machten sofort eine Probe aufs Exempel und mussten feststellen, dass keiner der Beamten oder Gendarmen, nicht einmal mit dem Kopfe, durch die enge Öffnung des Fenstergitters passte.

Währenddessen durchkämmten unsere Streifmannschaften, die aus Metzgern mit Hunden, Feld- und Weinbergschützen aufgeboten waren, sämtliche Gärten und Felder zwischen dem Gefängnis und dem nahen Neckarufer – jedoch vergebens.

Um keine Zeit zu verlieren, nutzte das Stadtamt noch dieselbige Nacht, um alle angrenzenden Ämter, bis hinauf nach Frankfurt, durch reitende Boten mit Steckbriefen zu versorgen und um Mithilfe zu bitten. Für das Einfangen des lebenden Basti setzten wir sogar eine Belohnung von 50 Gulden aus. Vor allem die letzte Maßnahme war erfolggekrönt, denn am nächsten Abend gelang es einigen Bauersleuten bei Fürth im Odenwalde, den Entflohenen wieder einzufangen und sich die ausgesetzte Belohnung zu verdienen.

Über den Verlauf seiner abenteuerlichen Flucht gab Sebastian Lutz später den folgenden Bericht:

»Was Sie über meine Flucht aus der Zelle gesagt haben, Herr Direktor, ist richtig. Nachdem ich mich mit einem Eisenhaken aus den Ketten befreit hatte, musste ich mich sehr anstrengen und meinen Körper mit aller Kraft zusammenpressen, damit ich durch das Gitter hindurchkam. Zuerst wollte es ja nicht glücken, ich blieb mittendrin stecken und hing in wahnsinniger Angst zwischen Himmel und Erde. Das kam, weil ich noch meine Kleider und Hosen anhatte. Mühselig zwängte ich mich noch einmal in die Zelle zurück und legte meine Kleider und Schuhe ab. Dann endlich – nach neuen, unsäglichen Mühen – schaffte ich es und ließ mich am Seile hinab. Den Aufsprung hörte ein Soldat, und während ich in die Felder davonstürzte, schoss er nach mir – die Kugel ging hart an meinem Kopfe vorbei. Gebückt hastete ich durch das Kornfeld und kroch schließlich bis zum Neckarfeld hinab. Ich sprang sogleich in das kalte Wasser, um den Fluss zu durchqueren. Doch im selben Momente hörte ich schon Hundegebell und die Stimmen meiner Verfolger. Bis zum Bauche im Wasser, watete ich nun an der Uferböschung entlang, bis ich einen großen Kahn, auf dem eine Schwimmschule errichtet ist, erreichte. Am Boden dieses Schiffes verbarg ich mich mehrere Stunden lang und hörte sogar – noch gegen Mitternacht – auf den Holzplanken über mir die Schritte der Männer, welche nach mir suchten. Erst als die Aufmerksamkeit der Wachen allmählich nachließ, entfernte ich mich aus meinem Verstecke und watete langsam am Ufer weiter, um eine Furt oder seichte Stelle zu finden, da ich nicht schwimmen kann. Endlich gelang es mir, den Fluss zu durchqueren. Ich war aber kaum am anderen Ufer, als ich auch dort Posten mit Schießgewehren entdecken musste. Ich versteckte mich hinter einem Felsen und blieb dort frierend und voller Angst so lange sitzen, bis sich die Wachen entfernten.

Nun endlich, als drüben die Kirchenglocken schon den Morgen anläuteten, ging ich vorsichtig an Land und schlich mich durch die Felder in die Weinberge. Als ich das Gebirge hochstieg und endlich den Wald erreichte, wandte ich mich noch einmal um und sah, wie die alten Dächer der Stadt, die mein Gefängnis gewesen war, und oben drüber das kaputte Schloss im Morgendunste schimmerten, und ich tat einen heiligen Eid, nie wieder freiwillig an diesen Ort zurückzugehen.

Nun rannte ich barfüßig und mit nacktem Arsche über den Heiligenberg in den Odenwald hinein. Als ich aber in die Nähe des Dorfes Wilhelmsfeld kam und befürchten musste, auf Bauersleute zu treffen, zog ich mein Hemd aus, schlüpfte mit den Füßen durch die Ärmel und hielt es vor dem Bauche mit den Händen zusammen. Wirklich traf ich wenig später auch auf zwei Bauern, welche mich mit großen Augen anstarrten. Da schnitt ich ihnen eine fürchterliche Fratze, stellte mich närrisch, keuchte nach Art der Taubstummen und streckte ungelenk und gespreizt meine Hand aus, gerade so, als wär ich ein tappiger Bettler, den man in den Wäldern ausgesetzt hatte. Zuerst lachten die Bauern, als sie aber die Versteifung meiner Finger sahen, bekamen sie ein Mitleiden und schenkten mir einige Kreuzer als Almosen. Zum Danke stammelte ich ihnen einige unverständliche Worte und machte mich aus dem Staube.

Für das Geld kaufte ich in einer abgelegenen Wassermühle ein Stück Brot. Die Müllersfrau schenkte mir einen Becher Milch dazu und fragte, warum denn meine Hose verschwunden wäre. Das lässt sich leicht erklären, antwortete ich. Ich war gerade an einem Bache, um mich und meine Kleider zu waschen und vom Ungeziefer zu reinigen, lag dann ein wenig in der Sonne, um zu trocknen, und bin dabei eingeschlafen. Als ich erwachte, fand ich eine riesige Schlange auf meinen Hosen liegen. Ich bekam einen Höllenschreck und rannte davon. Als ich später zurückkehrte, fand ich nur noch mein Hemd wieder! Die Müllersleute glaubten es und schenkten mir sogar noch eine alte Hose, mit der ich meine Flucht fortsetzte. Am selben Abend aber wurde ich in Fürth von ein paar Bauern, die sich eine Belohnung verdienen wollten, doch noch geschnappt und nach Heidelberg zurücktransportiert.«

So weit Sebastian Lutz' eigener Bericht. Nach seiner Rücklieferung wurde er auf unseren Befehl in besonders enge Eisen geschmiedet, so dass eine erneute Flucht völlig ausgeschlossen war.

Nachdem endlich auch Sebastian Lutz ein umfassendes Geständnis abgelegt hatte und wir die Verhafteten wechselseitig mit den Aussagen ihrer Gefährten konfrontieren konnten, verzeichneten wir bald schon weitere Erfolge. Immer neue Aktenordner mussten angefertigt werden, die Schreiber und Sekretäre kamen kaum noch zur Ruhe. Die Mühlen der Gerechtigkeit mahlten diesmal schneller, als es in dem Sprichworte heißt. Der Austausch von Steckbriefen und Signalements, aber auch der wechselseitige Schub, die Auslieferung der verdächtigen Gauner und schließlich die zentrale Zusammenfassung aller Fäden im Stadtamte Heidelberg beförderten eine schnelle Wahrheitsfindung und eine nahezu gänzliche Säuberung des Odenwaldes von seinen gefährlichsten Quälgeistern. Sogar die französischen Behörden in Mainz halfen.

Und schließlich musste so mancher Verbrecher seine Schandtaten auf kaiserlichen Galeeren, in den sibirischen Bergwerken oder hinter deutschen Kerkermauern büßen. Auch die Scharfrichter bekamen Arbeit. In Heidelberg, Fulda, Gießen, Neustadt, Erbach, Hanau, Darmstadt und vielen anderen Orten fand so manches Räuberleben durch das Henkersschwert ein unrühmliches Ende und an manchem alten Galgen baumelte neue Last.

Dass Veit Krämer, dem wir ein Großteil unseres Erfolges zu verdanken wissen, seine Aussagen nicht uneigennützig, aus purer Wahrheitsliebe oder Schwatzsucht machte, erfuhren wir nach dem Schlussverhör, als er den Untersuchungsrichter um ein Gespräch unter vier Augen bat.

»Übrigens weiß ich, dass ich Strafe und sogar eine schwere Strafe verdient habe – ich hoffe und bitte aber, dass man auf meine freimütigen Geständnisse, durch welche ich zur Entdeckung und Einfangung so vieler Verbrecher vorzüglich beitrug, gnädige Rücksicht nehme und mir das Leben schenke. Ich will auch, solange ich lebe, dazu mitwirken, die noch frei herumziehenden Räuber – wie den langen Andres – einzufangen.«

Veit Krämer bat nun flehentlich, vom Stadtamte als polizeilicher Fleischmann eingestellt zu werden, doch durften wir angesichts der Schwere seiner Verbrechen von ihm keine Spitzeldienste mehr annehmen. Mit seiner Beteiligung am Hemsbacher Raubmorde, sechzehn nachgewiesenen Straßenräubereien und zweiunddreißig Diebstählen nämlich stand Veit Krämer am Ende sogar als einer der gefährlichsten Verbrecher des Odenwaldes vor uns. In Wahrheit jedoch war er nur der redseligste und hatte auch in seinem eigenen Falle zu viel verraten.

Freilich hatten auch wir das Unsrige getan und dürfen uns schmeicheln, durch eine ausgeklügelte Kriminaltechnik so manchen Gauner zum Geständnis gelockt zu haben. Jede neue Aussage lieferte zugleich Stoff für neue Verhöre gegen andere Arrestanten, so dass wir im weiteren Verlaufe bestrebt waren, den einen gegen den anderen auszuspielen. Dazu freilich war es vonnöten, die Verbrecher voneinander isoliert zu halten, damit sie untereinander keine Absprachen treffen konnten. Man musste unbedingt ihre Bande und ihr Zusammengehörigkeitsgefühl zerstören, um zu den gewünschten Erfolgen zu gelangen. Denn fast jeder Verbrecher, so stark er in der Gemeinschaft mit anderen sein mag – allein und auf sich selbst geworfen geht er zu Grunde. Auch diente es der Wahrheitsfindung außerordentlich, dass wir für einen häufigen Wechsel der Schlafplätze sorgten, die Häftlinge nach Belieben zu zweit in eine Zelle legten, nach kurzer Zeit aber wieder trennten. Fragte nun einer, weshalb man ihn denn von seinem Kameraden getrennt habe, so brauchten wir nur zu sagen, sein Gefährte habe sich über seine Unverträglichkeit oder seine Launen beschwert.

Eben dies erklärten wir auch dem anderen. So ärgerten sich am Ende beide und wussten aus Verdruss häufig auch etwas gegeneinander anzugeben.

Wären freilich alle Gauner nach der Art des Manne-friedrich oder des Hölzerlips verfahren, wir tappten noch heute im Dunkeln. Aber auch bei diesen Verstockten konnten wir bald schwache Seiten in ihrem Charakter entdecken, die es zu benutzen galt. Um etwas zu erfahren, musste man vor allem ihrer Eitelkeit schmeicheln.

Der Hölzerlips beschwerte sich zum Exempel einmal darüber, dass man ihm die allerschwersten Ketten gegeben habe. Wir erklärten daraufhin lächelnd, dass wir auf ihn eben das größte Gewicht legten. Von nun an trug er seine Ketten umso leichter, denn dieser Erzgauner, der ja überall der Erste und Stärkste sein wollte, fühlte sich durch unsere Erklärung geschmeichelt. So manche Schandtat gab er auch nur aus dem einzigen Grunde zu, um einem Gesellen, den Wärtern oder auch dem Untersuchungsrichter zu imponieren. Und immer wollte er, obgleich die Räuber im Odenwalde ja nie einen ordentlichen Anführer gehabt hatten, vor dem Gerichte als ein schlimmer und gefährlicher Bandenchef und Räuberhauptmann dastehen.

Als Hölzerlips einmal von Heidelberg mit der Pferdefuhre nach Mannheim in das Zuchthaus verbracht werden sollte, hatte man ihm, weil es regnete, eine Decke zum Schutze übergelegt. Er warf sie aber ab, stellte sich trotz des Regens im Wagen auf, hob seine kreuzweise mit den schweren Ketten gefesselten Hände so hoch er konnte und sagte zu den Wachsoldaten: »Die Leute müssen doch sehen, wer ich bin!«

Als der Fuhrmann seine Pferde antrieb, verabschiedete sich dieser außergewöhnlich geltungssüchtige Räuber von seinem Publikum mit einem selbst gereimten Spruch:

»Bei der Windmühl
Geht der Weg 'naus
Nacher Mannheim –
in das Zuchthaus!«

Dem Mannefriedrich schließlich schmeichelten wir, indem wir seiner poetischen Natur entgegenkamen. Im Mannheimer Zuchthause, wohin wir die Raubmörder später, nach dem Abschluss der Hauptverhöre, aus Sicherheitsgründen verbrachten, erlaubten wir ihm sogar, seine Zelle auszumalen. Nicht ohne Talent zeichnete Mannefriedrich den heiligen Ritter Sankt Georg zu Pferde im Kampfe mit einem Drachen an die Zellenwand, dazu Porträts von sich und seinen Kameraden und schließlich noch eine rührende Abschiedsszene, welche die Ablieferung des Schwarzen Peters und der Hölzerlipsin nach Mainz darstellte. Wir applaudierten seinem Talente, so oft es ging, und erhielten zum Danke manchen Aufschluss über Gebräuche und Sitten der Räuber und Vaganten sowie ihre Kochemer Sprache. Auch gaben wir ihm Papier und Schreibzeug, so dass er manche seiner Geschichten und Lieder aufschreiben konnte ...

Die letzten Tage des Mannefriedrich

Fortsetzung des Berichts von Stadtpfarrer Theophor Dittenberger:

Donnerstag, 30. Juli 1812

Ich möchte an dieser Stelle meine seelsorgerischen Erörterungen kurz unterbrechen und dem Publikum eine Erzählung über den Hemsbacher Raubmord aus der Feder des Mannefriedrich mitteilen. Er hat die Ereignisse jener unheilvollen Nacht in seinem Gefängnis noch einmal ausführlich beschrieben, und zwar – wie er sagte – nicht, um damit die Gerichtsprotokolle des verdienstvollen Herrn Stadtdirektors zu widerlegen, sondern um der Nachwelt ein möglichst genaues Bild des Verbrechens zu geben. Auch ich glaube, dass solch ein Einblick in die Lebens- und Denkweise dieser tief gesunkenen Kreaturen durchaus am Platze ist, denn nur aus wirklicher Kenntnis der Gründe eines Verbrechens kann man auch die Wurzeln desselben entdecken – und für die Zukunft helfen, heilen und bessern.

Mannefriedrich hat seine Erzählung mit einem kleinen Liede in der Kochemer Sprache eingeleitet, es ist daher zum größten Teile unverständlich. Den letzten Vers aber zitiere ich:

Dächt jeder dran, was Christus spricht:
Der bowern Jent (= arme Leute) vergesset nicht!
So würde man davon nichts wissen,
Dass unsereins hat schornen (= stehlen) müssen.
Drum wehe dem, der daran schuld,
Dass man die bowern Jent (=armen Leute) nicht duld't!

In den letzten Wochen vor dem Unglücksfalle zu Hemsbach war uns die Hochebene bei dem Berge Katzenbuckel in der Nähe von Eberbach zu einer Heimat geworden. Dort hatten wir unser Quartier in der kalten Jahreszeit und eine Scheune, in welcher meine Cathrine und Veit Krämers Eva ihre Kinder zur Welt bringen durften. Auch andere Kochemer Familien hatten hier in den Dörfern Katzenbach, Strümpfelbronn und Mülben ihre Winterherberge gefunden: der Schwarze Peter, Hölzerlips und der lange Andres mit ihren Frauen und Kindern. Die Bauern am Katzenbuckel sind selbst arme Leute, viele haben deshalb Verständnis für unsere Not und helfen trotz der strengen Gesetze. Selbst der Schultheiß von Mülben hatte ein mitleidiges Herz. Er duldete den Aufenthalt und gab unseren Frauen sogar amtliche Schlafzettel für das Nächtigen. Zum Danke machten wir auch nichts in diesen Dörfern, sondern unsere Frauen halfen den Bauern im Hause, putzten, strickten und flickten. So hatten wir einen friedlichen Unterschlupf, jedoch kein Geld zum Essen und Trinken.

Im nahen Höllengrunde jedoch gab es ein einsames Wirtshaus, das war kochem und ein Treffpunkt der fahrenden Leute, in dem wir oft beisammen saßen und – auf Kredit – Bier oder Branntwein tranken.

Hier verabredeten wir uns des Öfteren zu Raubzügen und Massematten in den ferneren Dörfern des Odenwaldes. Unser Revier in dieser Zeit ging aber nicht über den Main und den Neckar hinaus. Am besten kannte sich der Schwarze Peter in der Katzenbuckelgegend aus, denn er hatte in früheren Jahren einmal für den Schultheiß von Wagenschwend Kohlen gebrannt. Es kamen auch viele andere Vaganten und Gauner durch unsere Dörfer, denen mussten wir Zinken stecken, das heißt: Zeichen geben, dass sie in unseren Dörfern nichts machten. Ich selbst bin des Nachts oft mit dem Hölzerlips

oder dem langen Andres zusammen über die Berge fortgegangen, doch kam bei unseren Einbrüchen und Überfällen nur wenig heraus: etwas Tuch, ein wenig Zinn,
Äpfelwein, Käse oder Schinken – oftmals nicht mehr,
als die Kinder am Tage bei den Bauern erbettelt hatten.
Der Odenwald ist ein gutes Versteck, seine Räuber aber
ernährt er schlecht. In der Nacht, als mein kleiner Sohn,
der Johann Georg, geboren wurde, bin ich in Kailbach
sogar in einen Keller eingestiegen, um der Cathrine ein
Essen zu bringen, fand aber nur alte Wolle und Bienenwachs.

Unsere Lage wurde immer verzweifelter. Im Wirtshause
standen wir schon seit langem in der Kreide, so dass man
uns keinen Branntwein mehr ausschenken wollte. Da
nun aber endlich die wärmere Jahreszeit gekommen war
und wir aus jenem Höllengrunde und dem Bauernelend
herauswollten, musste etwas Bedeutendes geschehen.

Es war am 28. April des Jahres 1811. Wir hatten uns
mit unseren Familien für den Abend an unserer Lager-
stelle im Reisenbacher Grunde zu einem gemeinsamen
Essen verabredet. Die Weiber und Kinder hatten den Tag
über in den Dörfern gebettelt. Wir legten zusammen und
hatten Mehl, Bohnen, dürre Zwetschgen, Käse, Speck
und Brot. Gemeinsam mit Veit entzündete ich ein Feuer,
die Kinder holten Wasser am nahen Quell, und die Selserin, Evas Mutter, wollte für alle in ihrem großen Kessel
eine Bohnensuppe kochen.

Die Sonne war bereits untergegangen. Es wurde kühl.
Meine Cathrine und Eva hatten ihre schlafenden Kleinen in die Körbe gelegt, als endlich auch Basti und Andreas Petry, welche auf einer Bauernhochzeit die Musik
gemacht hatten, den Weg hochkamen. Die alte Selserin
rief uns zum Essen, teilte ihre Suppe aus und Veit Krämer
noppelte uns das Gebet vor: Komm, Herr Jesu, sei unser
Gast ...

Nach dem Essen tranken wir noch von einem Weine, welchen uns der Basti von der Hochzeit mitgebracht hatte und kamen ins Reden.

Wir müssen endlich die Zeche im Höllengrunde bezahlen!, sagte ich. Und neue Kleider braucht es auch. In unseren alten Lumpen wird man uns anderswo gleich einsperren!

Ich weiß bei Mosbach eine Mühle!, schlug Veit Krämer vor. Da gibt es reichlich Moos. Der Müller ist zu einer Beerdigung in Heilbronn. Es sind nur Frauen und ein alter Knecht im Hause!

Unsinn!, fuhr der Schwarze Peter dazwischen. Auf die Bergstraße müsst ihr, durch den Odenwald und in die Rheinebene hinunter, und dann einen Reisewagen überfallen. Das gibt eine grandige Maloche! Von nun an gerieten wir in einen Taumel der Begeisterung und redeten uns die Köpfe heiß. Wir dachten an die Frühjahrsmärkte, an die Messen und all den reichen Handel und Wandel auf dieser großen Chaussee.

Margaretha Petry hatte sich mit Basti und Andreas Petry auf einen großen Felsen zurückgezogen, wo sie ihre Kochemer Musik spielten und sangen. Kommt ans Feuer!, rief ich ihnen zu, wir haben etwas ausbaldowert!

Wir rückten enger zusammen und blickten in das Spiel der Flammen.

Auf der Bergstraße rollt das Geld und das Gold!, sprach der Schwarze Peter und stocherte mit einem Zweig im Feuer herum.

Auf jeden Fall müssen wir uns Stöcke schnitzen, schlug ich vor, damit wir was zum Prügeln haben und eine Waffe.

Ich hab doch meine Pistole, meinte der lange Andres und kramte aus seinem Tornister das Schießeisen hervor, welches er jüngst bei Würzburg einem kaiserlichen Offizier geraubt hatte. Der Schwarze Peter lachte. Die wird

Auf der Bergstraße um 1810

dir wenig nützen! Da müsstest du ja zielen können und treffen! Ich weiß noch von den Soldaten, wie viel Rückschläge und Fehlschüsse es gibt und wie lang das Laden dauert. Meistens ist auch das Pulver zu feucht. Messer und Prügel, die lob ich mir – aber das Schießen, das will gelernt sein!

Mein Gott, ich will doch keinen schießen!, schrie der lange Andres. Aber Angst und Bange machen – das will ich!

In diesem Augenblicke – es war bereits stockfinster geworden traten plötzlich drei neue Gäste aus dem Dunkel hervor: Hölzerlips mit seiner Katharina und dem buckligen Kinde. Im lodernden Feuerscheine sah Lips wie der leibhaftige Höllenfürst aus.

Da haben wir ja schon einen Hauptmann für unsere Maloche!, begrüßte ich meinen alten Kameraden und weihte ihn sogleich in unsere Pläne ein.

Das ist toff!, lachte Hölzerlips und rieb sich die Hände am Feuer warm. Auf der Straße habe ich immer großen Massel gehabt und schon so manchen wittischen Kaffer ausgenommen und verprügelt.

Damit war die Sache ausgemacht und wir beschlossen unverzüglich aufzubrechen. Wir verabschiedeten uns von unseren Frauen und ließen sie in der Obhut des Schwarzen Peters zurück. Der alte Schwerenöter wäre gewiss gern mit uns gezogen, aber was konnte er uns nützen, da er es von der Kälte und Nässe doch so arg auf der Brust und in den Gliedern hatte. Und deshalb waren es nur der lange Andres, Hölzerlips, Andreas Petry, Basti, Veit Krämer und ich, die sich auf den Weg machten.

Wir waren kaum eine Viertelstunde gegangen, als wir unser Wirtshaus im Höllengrunde erreichten.

Brüder, die Nacht wird lang und kalt!, meinte Hölzerlips. Wir brauchen einen Branntwein im Magen, damit wir die Reise besser überstehen. Also ließen wir uns erst mal bei unserem Kochemer Wirt in der Stube nieder und schnapsten so lange, bis uns warm und wohl im Magen war. Dem Wirt versprachen wir einen Anteil der Beute als Zahlung und er wünschte uns Glück und Gottes Segen.

Der lange Andres wurde unser Anführer, weil er einen guten Weg quer über die Berge wusste, denn in den Flusstälern und Dörfern wären wir gewiss aufgefallen. Unterwegs kamen Andreas Petry und Basti plötzlich ins Streiten und die beiden Freunde, die sonst so unzertrennlich waren, balgten, schlugen, kratzten und bissen sich bis aufs Blut. Wir anderen kümmerten uns nicht groß um die Streithähne und zogen weiter. Sie holten uns aber schnell wieder ein, denn der lange Andres hatte eine Flasche Branntwein dabei, aus der wir gemeinschaftlich tranken, wenn wir einmal Halt machen und an den Sternen die Richtung des Weges bestimmen mussten.

»Juchhe-Häuschen« (Kochemer Bayes) heute

Um Mitternacht, bei dem Orte Oberschönmattenwag, war die Flasche jedoch bereits leer und da uns neuer Durst plagte, wurde nicht lange gefackelt und zusammen mit dem langen Andres unternahm ich einen schnellen, unbemerkten Einstieg in ein abgelegenes Bauernhaus. In der Küche fanden wir aber nur eine Kanne mit Milch und einen Krug Wein.

Der Weg wollte nicht aufhören und da es stürmisch geworden war, fetzten die Wolken so schnell über den Himmel, dass es bald mondeshell und bald wieder stockfinster war und wir oftmals über Steine und Baumwurzeln stolperten und hinfielen. Erst als die Vögel zu zwitschern begannen, hatten wir den Odenwald in seiner ganzen Breite durchquert und konnten endlich durch den Ausschnitt eines Tales in die morgenschöne, weite Ebene des Rheintales hinabschauen.

Zum Glück kannte der Lips auf der Juch-Höhe bei Oberlaudenbach eine Herberge, welche man auch Juchhe-Häuschen nennt und in der Leute wohnen, die kochem sind. Hier machten wir Rast und erfrischten uns. Michael Fuhn, so hieß der Wirt – der ja später auch in das Gefängnis kam –, und seine Frau, die Edeltraud, versorgten uns mit Äpfelwein und köstlichen Pfannkuchen. Ich legte mich dann ein Weilchen auf die Ofenbank in der Stube, denn ich hatte mir eine schmerzhafte Blase an dem linken Fuße gelaufen. Der Basti und der Andreas Petry, die sich in der Nacht noch bis auf die Knochen geprügelt hatten, waren nun wieder die besten Freunde. Basti spielte auf der Flöte und Andreas schlug dazu mit seinen Handflächen auf einem umgedrehten Holzbottich. Dazu sangen sie einen Kochemer Schall, ein Lied, dessen erste Strophe ich hier mitteilen möchte:

Schranzt, Mahlen, schranzt: was toffer ist
Als Kochemer Vergnügen?
Man schwächt, man schallet, man blattfüßt,
Tut bei den Schicksen liegen.

(Sagt, Freunde, sagt: was schöner ist
Als Kochemer Vergnügen?
Man trinkt, man singt, man tanzt und küsst,
Tut bei den Mädchen liegen.)

Das ist mein Lieblingslied und es hat noch sieben weitere Strophen, die ich dem Stadtdirektor Pfister schon einmal aufgeschrieben habe. Die Zeche für dieses fröhliche Frühstück konnten wir nicht zahlen, doch gab uns Michael Fuhn bereitwillig Kredit, als er von unserem Vorhaben hörte.

Die Sonne stieg höher. Wir verabschiedeten uns. Es war bereits so warm geworden, dass wir in den Wald zurückkehrten und uns ein Schlafplätzchen suchten. Hier verdröselten wir den Tag, schliefen ein wenig und schnitten uns am Nachmittage mannshohe, junge Buchen zu

Knüppeln zurecht. Damit wollten wir ordentlich auf das Kutschendach klopfen und den Reisenden einen höllischen Schreck einjagen.

Erst als die Sonne sich auf das Rheintal niedersenkte, stiegen wir das Gebirge weiter hinab und durch die Weinberge hindurch. Vor Laudenbach machten wir noch einmal Halt und warteten, bis die güldenrote Sonnenscheibe am Ende der Ebene allmählich untergetaucht war. Dann wagten wir uns auf die große Chaussee und gingen ein Stück, bis wir in einem Gebüsch am Straßengraben ein geeignetes Versteck fanden. Es war aber wenig Verkehr um diese Zeit, nur Bauernwagen und Fußwanderer, bei denen sich ein Angriff und der weite Weg nicht verlohnt hätten.

Endlich hörten wir Pferdegestampfe und das Rasseln einer herankommenden Chaise. Wir stellten uns auf, und Hölzerlips wollte den Pferden schon in die Zügel springen, als wir zu unserem Schrecken dicht hinter der ersten eine zweite Kutsche bemerkten. Hölzerlips, der auf der Straße die meiste Erfahrung hatte, rief uns zurück und meinte, für zwei Kutschen auf einmal würde unsere Kraft nicht reichen. Es war eine Extrapost aus Frankfurt mit Beiwagen, die wir unversehrt passieren lassen mussten. Wir warteten dann noch etliche Stunden auf eine neue Gelegenheit, doch kam in dieser Nacht nichts weiter, so dass wir gegen Morgen grämlich und hundemüde in den Wald zurückkehrten.

Wieder schliefen wir den Tag über – es war nun schon der 30. April –, und am Nachmittag führte uns Veit Krämer zu einer Kochemer Beiz in dem Orte Oberlaudenbach, die der Witwe Rosemarie Geiger gehört. Dort trafen wir unerwartet auf einen alten Bekannten, den großen Harzbuben Georg Schmidt, der uns aus Freude über das Wiedersehen sogleich eine große Flasche Branntwein spendierte und uns eine sämige Suppe mit Speckschwarten kochte. Ich erzählte dem Harzbuben von unserem Plane, er fand ihn aber zu gefährlich wegen der vielen Bürgerwehren und Streifmannschaften an der Bergstraße und schlug vor, mit ihm eine Chassne-Maloche zu wagen, denn er wusste eine reiche Mühle bei Mörlenbach.

Ich will keinen Mehlstaub am Ärmel, sondern eine Zuckertorte im Maule, knurrte der Hölzerlips. Eine Mühle hätten wir auch am Katzenbuckel haben können.

Wir versuchten nun, den Harzbuben zu überreden, mit uns auf die Strahle zu gehen, doch lehnte er es entschieden ab, wahrscheinlich weil er es in dem Federbette der schönen Wittib zu gemütlich hatte.

Am Abend hockten wir wieder an unserer Chaussee, aber auch diesmal war sie leer und einsam. Wir warteten bis Mitternacht, nichts tat sich. Da verspürten wir plötzlich Hunger und der lange Andres schlug vor, das Wirtshaus am Straßenrande, in dem schon seit einigen Stunden die Lichter verlöscht waren, heimzusuchen. Hölzerlips und ich stiegen also über die Mauer in den Hof ein und es war uns bereits gelungen, das Vorhangschloss an der Kellertüre mit einem alten Nagel aufzudrehen als plötzlich Basti, der draußen Schmiere stand, einen Warnpfiff losließ. Sofort sprangen wir über die Mauer auf die Straße zurück und Veit rief: Es kommt eine Charette!

Wir konnten zwar noch nichts erblicken, hörten aber bereits das Hufeklappern und Wagengerassel auf dem Straßenpflaster des Ortes. Wir rannten deshalb, so schnell wir konnten, mit unseren Beuteln und Prügeln der Kutsche voraus in Richtung Hemsbach zu unserem Verstecke im Straßengraben. Außer Atem und klopfenden Herzens machten wir Halt und stellten uns zum Angriff auf. Hölzerlips befahl dem Basti und dem Andreas, sie sollten den Pferden in die Zügel springen; die beiden lehnten es aber ab, weil sie keinen Mut zu diesem gefährlichen Geschäfte hatten.

Also mach ich es!, schimpfte Hölzerlips. Es ist aber dumm und schlecht, wenn ausgerechnet der Stärkste die Pferde halten muss und nicht mitmachen kann. Lasst mir bloß keinen der Reisenden entwischen, sonst schlage ich euch Lausbuben, dass ihr die Kränk kriegt!

Die Kutsche kam und Hölzerlips sprang mit einem Satze auf die Pferde und riss sie zurück.

Anhalten!, schrie der lange Andres, riss zusammen mit Andreas Petry den zitternden Kutscher vom Bock herunter und stellte ihn zu den Pferden. Ob sie ihn geschlagen haben, weiß ich nicht. Ich hörte nur, dass der lange Andres rief: Halte deine Pferde fest, dann wird dir auch nichts geschehen!

Wir anderen aber rüttelten und schüttelten derweil die Kutsche, trommelten wie irrsinnig mit unseren Prügeln auf das Dach, und der Basti schlug eine Scheibe der Kutsche entzwei, so dass die Herren, die wohl geschlafen hatten, aufschreckten und aus der Kutsche heraussprangen. Ein jeder bekam nun vom Andreas Petry und dem Basti einen kräftigen Schlag auf den Kopf und beide Kaufleute stürzten betäubt zu Boden. Zusammen mit Veit Krämer begab ich mich hinter die Kutsche, riss die Koffer vom Gestänge und begann mit einem Stemmeisen die Kutschkästen aufzusprengen. Basti und Andreas durchsuchten nun das Innere der Kutsche, während sich der lange Andres über den einen Kaufmann hermachte und seine Kleider durchsuchte. Gerade als er ihm die Uhr genommen hatte und den Ring vom Finger ziehen wollte, erwachte der Kaufmann aus seiner Ohnmacht und wollte sich hochrappeln. Der lange Andres versuchte ihn erneut niederzuschlagen, doch klammerte sich der Kaufmann verzweifelt an dem Stocke fest und blieb an diesem wie eine Klette hängen. Jedenfalls hörten wir den langen Andres plötzlich rufen: Kameraden, kommt mir zu Hilfe! Ich sprang hinzu, zugleich auch die beiden Buben, und so war der Stock schnell wieder freigekämpft.

In diesem Gerangel müssen die tödlichen Schläge gefallen sein. Der lange Andres hat nämlich mit dem Ende seiner Pistole auf den Kaufmann eingeschlagen, weil dieser nicht nachgeben, sondern immer wieder aufstehen wollte und sich in seiner Jacke verkrallt hatte. Endlich hatten sie ihn abgeschüttelt.

Der Kaufmann taumelte erneut zu Boden; sogleich kniete der lange Andres auf ihm, hielt ihm das Rohr seiner Pistole vors Gesicht und schrie: Sieh, Hund, hier habe ich eine Pistole, wenn du dich noch einmal rührst, schieße ich dich tot! Wo hast du dein Geld, Hund? Der Kaufmann starrte entsetzt auf den langen Andres und die Pistole und ich höre noch sein Gejammer: Ach, bitte, lasst mir doch mein Leben! Ich habe ja sechs Kinder! Ich will euch alles geben, was ich habe!

Sei endlich still, Hund!, brüllte der lange Andres. Der Kaufmann jedoch wimmerte vor sich hin und erhielt noch weitere Prügel – von wem, weiß ich nicht, da ich bei dem anderen Herrn hockte, der noch immer bewusstlos war und sich ohne Murren ein silbernes Schnupftabakdöschen, ein Federmesser, einen Geldbeutel und eine goldene Uhr von mir abnehmen ließ.

Dass der Hölzerlips nicht geschlagen hat, weiß ich ganz gewiss, denn er war zuerst mit dem Kutscher und am Ende mit dem Durchsuchen der Koffer und Taschen beschäftigt und hatte keine Gelegenheit. All das ging sehr schnell in der dunklen Nacht und ich habe mehr gehört als gesehen.

Nachdem wir alles durchsucht hatten, packten wir, was uns wertvoll dünkte, in unsere Beutel, Taschen und Tragsäcke und flüchteten schwer beladen durch die Weinberge in das Gebirge hinauf, bis zu dem Juchhe-Häuschen. Hier schickten wir den Basti schnell ins Haus und ließen ihn zwei Flaschen Branntwein und etwas Käse holen, weil uns der Michael Fuhn nicht mit all der Beute sehen sollte. Auch unsere Schulden vom vorgestrigen Frühstück bezahlte der Basti und überreichte der Wirtin noch eines der geraubten Halstücher als Geschenk, um ihr das Maul zu stopfen. Dann eilten wir sofort weiter, bis wir uns sicher glaubten und ein Plätzchen fanden, an dem wir die Beute unter uns aufteilen konnten.

Ich machte aus den Sachen und Kleidern sechs gleichwertige Haufen, die verlost wurden. Danach bekam jeder seinen Anteil Geld ausgezahlt. Den Rest nun, welcher sich schwer teilen ließ, gab ich zur Versteigerung, so dass ein jeder mit seinem Gelde sich eine Uhr, einen Ring, ein Messer oder etwas Ähnliches aus dem Raube erwerben konnte. Das Geld, welches dadurch wieder hereinkam, verteilte ich dann nochmals, so gut es ging und schließlich war ein jeder zufrieden. Ich selbst hatte ein seidenes Hemd und eine Hose bekommen, die sehr vornehm ausschauten, mir aber gut in der Größe passten. Mein altes Hemd, welches schon viele Schlisse hatte, verscharrte ich im Waldboden. Auch die anderen kleideten sich neu ein und da es plötzlich sehr kalt und windig geworden war, hatten wir die wärmeren Sachen auch nötig.

Während wir noch verschnauften, hörte ich, wie Basti und Andreas miteinander stritten, wer von ihnen wohl dem widerspenstigen Kaufmanne die ärgsten Hiebe versetzt habe. Basti sagte: An meinem Stecken klebt ja sogar das Blut noch!

Da kriegten wir anderen einen Heidenschreck und sogar der Hölzerlips meinte: Es war doch nicht nötig, die Reisenden so zu quälen, ihr verdammten Lausbuben! Darauf packte er den Basti am Ärmel: Mein Gott, ihr werdet doch nicht so arg zugeschlagen haben, dass ihnen etwas geschehen ist? Du hast doch selbst gewollt, erwiderte der Basti, dass wir keinen davonlassen! Wir haben dir ja nur gehorcht!

So war es doch nicht gemeint, ihr Teufel!, schrie der Lips. Prügeln solltet ihr die Kaufleute, aber nicht blutig schlagen! Der lange Andres aber, der mit seinem Pistolenkolben am ärgsten drauf gedroschen hatte, schwieg nur und starrte bedrückt vor sich hin. Endlich setzten wir unsere Flucht fort und eilten über die Berge heimwärts. Auf der Mitte des Weges brach ein fürchterlicher Regen los und Hölzerlips schrie in den dunklen Wald: Das ist das Zeichen Gottes, dass wir gemordet haben!

Uns allen war nun sehr unheimlich zumute. Wir fanden auch eine Zeit lang den Weg nicht mehr und ich murmelte viele Gebete in mich hinein, dass bloß nichts Schlimmes geschehen sein sollte. Denn unsere Absicht war es wahrhaftig nicht gewesen, einem Menschen etwas zuleide zu tun.

Nass wie die Schweine kamen wir endlich nach Strümpfelbronn zurück. Unsere Frauen und Kinder waren sehr glücklich über die reiche Ausbeute und die vielen Geschenke, die wir ihnen gaben. Von der Misshandlung des einen Reisenden aber erzählten wir ihnen nichts, denn wir hatten ein ungutes Gefühl.

Am nächsten Morgen trafen wir noch einmal alle im Höllengrunde zusammen, um den Erfolg unserer Geschäftsreise zu feiern und kräftig Branntwein zu trinken, weil wir uns sehr erkältet hatten. O je, das war aber schon das Ende vom Lied, denn wir waren einem Häscher von den hessischen Soldaten aufgefallen und als wir am Nachmittage das Wirtshaus verließen, wollte er uns mit Hilfe einiger Bauern einfangen. Die Bauern hatten jedoch keine rechte Lust und fast alle konnten entfliehen, ich allerdings steckte schon so tief im Branntweinrausche, dass ich einem Dummerjan geradewegs in die Arme lief und er mich wohl oder übel festhalten musste. So brachten sie mich dann als den Einzigen in das Gefängnis nach Zwingenberg.«

Ein Märchen

So weit hat nun das Spiel ein End',
Doch noch nicht unsre Plage.
Die Kart' hat hässlich sich gewend't
Hin sind die Freiheitstage!
Ein jeder sich nun erst besinnt,
Dass er verliert und nichts gewinnt:
»Ach! Hätten wir's zuvor bedacht,
Wir hätten's Spiel nicht so gemacht!«

Fortsetzung des aktenmäßigen Berichts, aufgezeichnet vom Heidelberger Stadtdirektor Dr. Ludwig Pfister:

Aus dem Fluchtversuch des Sebastian Lutz zogen wir unsere Lehren. Die Fesseln der Gefangenen wurden verstärkt, die Wachen verschärft.

Obgleich nun eine Flucht aus unseren Heidelberger Gefängnissen nahezu völlig ausgeschlossen war, hielten wir es dennoch für ratsam, sofort nach dem Abschluss der Hauptverhöre die gefangenen Raubmörder in das Mannheimer Zuchthaus zu überführen.

Die Verlegung nach Mannheim hatte freilich noch tiefere Ursachen. Durch die zahlreichen Verhaftungen und Untersuchungen gegen die Vaganten und Räuber hatte sich schon seit geraumer Zeit in dieser niedrigsten Menschenklasse eine gewisse Empörung gegen unsere Maßnahmen verbreitet, und von unseren Fleischmännern und Spitzeln erhielten wir eines Tages den warnenden Hinweis, dass gegen die Person und Wohnung des Untersuchungsrichters Attentate und Brandstiftungen geplant waren. Wir waren jedoch auf der Hut und ließen unsere Wohnung von nun an regelmäßig durch Gendarmen bewachen.

Darüber hinaus verbreitete sich sogar das Gerücht, dass sich einige noch freie Räuber, darunter auch der lange Andres, zu einer Befreiung ihrer gefangenen Kameraden verabredet hätten. Dem Stadtamte wurde zudem eine schriftliche Drohung der Gauner übermittelt, in welcher wir aufgefordert wurden, sämtliche Gefangenen sofort freizulassen. Andernfalls sollte an einem bestimmten Tage an mehreren Stellen der Stadt zu gleicher Zeit Feuer gelegt und ganz Heidelberg zu Asche werden.

Diese Bedrohung der öffentlichen Sicherheit galt es mit allen Mitteln abzuwenden, und so wurde eigens ein Militärkommando zur besseren Bewachung der Raubmörder und zum Schutze der Stadt nach Heidelberg beordert. Als die Drohungen und Anschläge aber kein Ende nehmen wollten, sahen wir uns endlich gezwungen, die Gefangenen für den Winter nach Mannheim zu überführen.

Doch selbst in diesem überaus sicheren Zuchthause gelang es unseren Delinquenten, ihre Bewacher zu täuschen und sich nach und nach das Zutrauen der Zuchtmeister zu erschleichen. Dem Knaben des Mannefriedrich war es sogar geglückt, ein zur Säge bereitetes Messer in die Zelle seines Vaters zu schmuggeln. Zusammen mit Veit Krämer versuchte nun Mannefriedrich in wochenlanger, schwerer Arbeit, die starken eisernen Fenstergitter durchzuschneiden und obendrein noch die Mauer zu durchbrechen. In der Nachbarzelle saß nämlich der Hölzerlips, der jedoch von den Wachen ertappt wurde, gerade als er sich durch die Öffnung in der Wand mit seinen Kameraden zur Flucht vereinen wollte. Von da an wurden sämtliche Gefangene in so schwere Eisen gelegt, dass sie sich kaum noch zu rühren vermochten. Außerdem wurde jetzt das Tor des Zuchthaushofes von einer achtzehn

Mann starken Militärwache mit scharfen Hunden bewacht. Aber noch immer mochte sich der Mannefriedrich nicht geschlagen geben und setzte seine Spitzbübereien – auf andere Weise – fort. Unser großer Lügenmeister hatte bereits im Heidelberger Gefängnis, wie wir von Veit Krämer wissen – seinen Spießgesellen endlose Predigten darüber gehalten, wie sie sich eigentlich im Verhöre hätten benehmen sollen. Jetzt aber, da bereits alles verloren war, unternahm er alle Anstrengungen, für sich und seine Kameraden Defensoren, das heißt ordentliche Verteidiger, vor dem Gerichte zu erhalten. Er hoffte wohl, somit das bisher von uns in den Verhören Erreichte, all unsere Ermittlungen und Protokolle auf den Kopf stellen und so am Ende doch noch seine Freiheit erlangen zu können. Doch hatte er sich mit seinem Plane getäuscht. Hölzerlips und die anderen verzichteten freiwillig auf einen Verteidiger und zeigten sich einsichtig und reuevoll.

Darauf wusste der Mannefriedrich sogleich eine neue List. Mit allen Mitteln versuchte er nun, die beiden Buben, Andreas Petry und Sebastian Lutz, zu überreden, und bewegte sie tatsächlich, einen Verteidiger zu rufen. Gemeinsam mit den anderen – so war seine Idee – wollte er hingegen zermalmt und zerknirscht als ein reuiger Sünder auf den juristischen Beistand verzichten und den Landesvater, Seine Königliche Hoheit den Großherzog von Baden, um Gnade und Barmherzigkeit anflehen. Er hatte aber seinen Plan falsch berechnet, der gute Mannefriedrich. Wir wussten das tragische Rührspiel zu vereiteln, indem wir nunmehr nicht nur für die beiden Buben, sondern für alle Raubmörder einen Verteidiger – freilich nur einen einzigen – bewilligten. Der Advocatus, welcher diese schwere Aufgabe freiwillig übernahm, war allerdings ein junger und in der Kriminaltechnik noch unerfahrener Jurist, so dass er sich bei seiner Verteidigung oft allzu sehr von den Entschuldigungen und Beschönigungen der Raubmörder, namentlich des Mannefriedrich, leiten ließ.

Überhaupt machte er sich den Haupttrick unseres Lügenmeisters zu eigen, indem er behauptete, die tödlichen Wunden könnten, wenn überhaupt, nur vom langen Andres, Andreas Petry und Sebastian Lutz stammen, da diese allein auf den Kaufmann Rieter eingeschlagen hätten. Nach dieser Behauptung müssten nun eigentlich Veit Krämer, Mannefriedrich und Hölzerlips des Mordes freigesprochen werden und allein die beiden Jüngsten, Basti und Andreas Petry, wären mit dem Tode zu bestrafen. Wäre aber dieses erst einmal erreicht, so brauchte der Verteidiger am Ende nur noch das Gericht zu erweichen, auf das zarte Jünglingsalter dieser beiden Rücksicht zu nehmen und Gnade walten zu lassen. Nach dem Plane des Verteidigers, dessen Namen ich hier besser verschweigen will, sollten darüber hinaus die älteren Gefangenen für ihre jungen Kameraden beim Großherzoge um Gnade bitten. Und solch einer spitzfindigen Berechnung zufolge hätte das Gericht am Ende nur einen einzigen der Hemsbacher Raubmörder zum Tode verurteilen können: den langen Andres. Der aber war bereits über alle Berge. Zum Glück aber ließ sich das Oberhofgericht zu Mannheim durch all dies Theaterspielen keineswegs beeindrucken, sondern verfügte, dem Antrage des Stadtamtes Heidelberg folgend, die öffentliche Hinrichtung sämtlicher Raubmörder mit dem Schwerte. Bevor nun freilich der Stab über dem Lügenmeister und seinen Kameraden gebrochen wurde, kam es noch zu einer eigentümlichen Begegnung. Unserem Darmstädter Freunde, dem Peinlichen Richter Brill, war es gelungen, den Johann Adam Heußner, alias dicker Hann-Adam, einzufangen und zum Geständnis zu bewegen. Dieser gefährliche Raubmörder hatte auch Mannefriedrich als einen Teilnehmer an zwei gewaltsamen Einbrüchen zu Grävenwiesbach und in einer Mühle bei Gelnhausen angegeben. Mannefriedrich leugnete dies zwar standhaft dem Gerichte, jedoch bot sich mit diesen Beschuldigungen zum ersten Mal die Möglichkeit, ein wenig Licht in das räuberische Vorleben des Mannefriedrich zu bringen, welches er im Hessenlande geführt haben musste. Wir entschieden daher, den Mannefriedrich aus dem Mannheimer Zuchthause abholen zu lassen und gemeinsam mit ihm – unter strengster Bewachung, versteht sich! – eine Kutschfahrt in das Darmstädter Gefängnis zu wagen. Während dieser Fahrt nun entwickelte sich ein merkwürdiges Gespräch mit dem gefesselten Inquisiten, der uns direkt gegenüber saß.

»Lieber Herr Stadtdirektor, ich weiß gar nicht, weshalb die Kutschfahrt nach Darmstadt geht. Ich werde dort schweigen und kein Gedächtnis haben. Denn ich sage niemals aus ohne zwei Zeugen.«

»Das wird man ja sehen«, entgegneten wir, »du wirst einen treffen, der dir deine früheren Verbrechen in der Wetterau und am Vogelsberge auf den Kopf zusagt!«

»Dann werde ich eben lächeln und sagen: Ich verzeihe Ihnen, mein Herr, denn Sie wissen nicht, was Sie tun!«

»Und wenn er es beweisen kann?«

»Eines Mannes Rede ist keines Mannes Rede dann hat er sich eben geirrt. Glauben Sie mir, Herr Stadtdirektor, unsere Reise wird nichts nutzen.«

»Da wir bereits die klarsten Beweise haben«, antworteten wir nicht ohne Verärgerung, »wird die Wahrheit trotzdem an den Tag kommen, und es hilft dir nichts, dass du der größte Meister im Lügen und Verschweigen bist!«

Mannefriedrich sagte nun eine Weile lang nichts mehr und blickte aus dem Fenster der Kutsche. Dann aber hob er an. »Jetzt will ich Ihnen mal etwas erzählen, Herr Stadtdirektor. Ein Meister im Leugnen und Verschweigen bin ich nicht! Der Meister im Schweigen ist nämlich mein

Kamerad, der langbeinige Steffen, denn der wird niemals etwas gestehen, weil er sich an seinem Zellenfenster aufgehängt hat. Ich dagegen werde bis zu meiner Hinrichtung noch allerlei Schwänke und Schnurren erzählen. In meinen Märchen nämlich ist mehr Wahrheit als in der Ehrlichkeit eines Halunken. Dafür weiß ich auch ein schönes Gleichnis: Es lebte einmal in Dänemark ein reicher Edelmann, der rief seine Diener zu sich und versprach demjenigen von ihnen, welcher die größte Lüge zu sagen wüsste, ein schönes Pferd als Geschenk. Darauf sagte der eine Diener: Ich habe zeitlebens noch kein einziges Mal gelogen. Der zweite Diener sagte: Selbst wenn ich es wollte, ich kann überhaupt nicht lügen! Dann aber trat der dritte hervor und sagte: Herr, das kann ich bestätigen – die beiden sagen die reine Wahrheit! – Dieser bekam das Pferd, denn er war ein wahrhaftiger Lügenmeister.«

Bei der Konfrontation im Darmstädter Zuchthause erkannte Johann Adam Heußner in Mannefriedrich sofort und bestimmt jenen Gauner wieder, welcher an den zwei gewaltsamen Einbrüchen im Jahre 1807 Anteil gehabt hatte und behauptete es dem Mannefriedrich sogar ins Angesicht. Heußner schilderte die beiden Raubüberfälle bis in die kleinsten Einzelheiten, Mannefriedrich jedoch stritt alles mit trotziger Kälte ab. Heußner wiederholte seine Behauptung. Mannefriedrich brach daraufhin in Beteuerungen seiner Unschuld, in Verwünschungen und Schimpfworte gegen Heußner aus. Der Peinliche Richter Brill hatte die größte Mühe, ihn in die Schranken der Ordnung zurückzudrängen. Auch wir taten unser Menschenmöglichstes und forderten im feierlichsten Ernste beide auf das Dringendste zur Wahrheit auf. Der Mannefriedrich blieb jedoch seinem Prinzipe treu, keine Tat zuzugeben, für die es nur einen einzigen Zeugen gibt.

»Da steht ja Aussage gegen Aussage!«, lachte er. Und sogar, als wir ihn fragten, ob er denn diese schlimmen

Untaten mit ins Grab nehmen wollte, beharrte er lächelnd: »Ich habe doch nichts getan!« Obgleich Heußner vor Wut zu toben anfing, die heiligsten Eide schwören wollte, brach der Peinliche Richter mit deutlichem Unwillen das Verhör ab.

Die Zwischenzeit nun, bis die Pferde zur Abreise eingespannt waren, nutzte Mannefriedrich, um dem Gerichte eines seiner Märchen aufzutischen:

»Man muss doch nicht alles glauben, was einer sagt! Zu einem König von England, der ein großer Freund der Malerei war, kam einmal ein Gauner, gab sich als ein berühmter italienischer Maler aus und erbot sich, dem König einen neu erbauten Saal auszumalen: Majestät, befehlen Sie mir, welche Gegenstände an die Wände und Decken gemalt werden sollen, sagte der Spitzbube, und es wird gewiss zur allerhöchsten Zufriedenheit ausfallen.

Der König gab den Auftrag, die Malerarbeiten wurden begonnen. Doch blieben die Türen des Saales verschlossen, da der Künstler erklärt hatte, dass er sein Werk erst dann sehen lassen wolle, wenn es vollendet sei. So arbeitete er viele Monate, hatte ein gutes Quartier und wurde aus der königlichen Küche verköstigt.

Endlich war das Meisterstück vollendet und der König wurde in den Saal geführt. Aber wie erstaunte der König, als er nichts erblickte als die weiß getünchten Wände. Voller Zorn wandte er sich an den Künstler, doch der erklärte, seine Kunstwerke hätten bedauerlicherweise die Eigenschaft, dass sie nur von rechtmäßig und ehelich Geborenen bemerkt werden konnten. Der König wurde immer zorniger, der Spitzbube jedoch wusste so viele Beteuerungen und Entschuldigungen vorzubringen, dass der König beschloss, die Sache näher zu prüfen. Das ganze Ministerium, der Hofstaat und alle Geheimen Räte wurden zusammengerufen und mussten über den Fall beraten. Der Maler wiederholte seine Beteuerungen und versicherte, dass er seine Unschuld leicht beweisen könne, sobald sie alle mit ihm den Saal anschauen würden. Nun betrat der König noch einmal mit seinem ganzen Gefolge den Saal – aber wie unbeschreiblich war sein Schrecken, als alle die gepuderten Hofschranzen teils nach dieser, teils nach jener Wand des Saales eilten und in laute Bewunderung der Gemälde ausbrachen. Der König zog sich verärgert zurück, ließ dem Spitzbuben den verabredeten Lohn auszahlen, jenen Saal aber für immer und ewig verschließen. – Daraus nun mag man ersehen«, beendete Mannefriedrich seine Erzählung, »was eine Wahrheit nützt, wenn sie keiner bezeugen will!«

Auf der Rückreise von Darmstadt mochten wir unseren Missmut nicht länger verbergen: »Was hilft dir das Leugnen, Mannefriedrich, du musst eh bald sterben!«

»Vielleicht nützt es einem anderen armen Teufel, dass er durch mein Schweigen in Freiheit bleiben kann.«

Mannefriedrich schob mit seinen gefesselten Händen den Vorhang des Wagenfensters beiseite und sah auf die Gärten und Weinberge am Rande der Chaussee: »Das ist ja die Bergstraße, wo die schlimme Affäre war?«

»Ja! Nicht weit von hier«, bestätigten wir.

»Das Unglück von Hemsbach bedaure ich sehr und habe Ihnen darüber auch schon die Wahrheit gesagt, Herr Direktor. Aber hatten Sie denn im Ernste geglaubt, dass ich mich von den Darmstädter Herren und einem Verbrecher unterkriegen lasse? Ich habe doch gleich gesagt, dass ich nichts gestehen würde. Nie und nimmer vergönne ich dem Peinlichen Richter die Ehre und Freude, dass er sagen könnte, er hätte den Mannefriedrich bezwungen. Schon Ihretwegen würde ich das niemals tun, und wenn Sie mich noch zehnmal nach Darmstadt kutschieren lassen! Lieber gebe ich Ihnen etwas Unwahres zu, Herr Direktor, als dass ich mich von einem Hessen zur Wahrheit zwingen lasse!«

Mannefriedrich lachte eigentümlich, doch ließen wir uns auf seine fragwürdigen Schmeicheleien nicht näher ein und verzichteten fürderhin, um den Zeitplan für die öffentliche Hinrichtung nicht zu gefährden, auf weitere Verhöre dieses berufsmäßigen Märchenerzählers.

Die letzten Tage des Mannefriedrich

Fortsetzung des Berichts von Stadtpfarrer Theophor Dittenberger:

Donnerstag, 30. Juli 1812
Am Abend vor der Hinrichtung saßen wir Seelsorger noch einmal mit unseren vier evangelischen Gefangenen im Besucherzimmer des Mannheimer Tores beisammen. Österlein, der sehr niedergeschlagen wirkte, bat Andreas Petry, er möge doch ein wenig Musik machen.
»Das wird ja nun auch bald ein Ende haben«, antwortete dieser, setzte aber sein Instrument an die Lippen und begann zu spielen. Die anderen hörten schweigend zu. Nachdem Petry eine Zeit lang sein Flageolett geblasen hatte, wurde er selbst ganz traurig und legte es schließlich mit den Worten beiseite: »Jetzt ist es genug, ich mag nicht mehr blasen. Morgen muss ich ja schon sterben!«
»Morgen um diese Zeit«, sagte Mannefriedrich ernst, »sind unsere Köpfe schon bei den Professoren im Anatomischen Theater und unsere Leiber auf dem freien Felde begraben. Das aber wär alles nicht, wenn Hemsbach nicht wäre, und davon hab ich im Gefängnis ein Lied gemacht, Herr Pfarrer. Das wollen wir Ihnen singen, wenn Sie es erlauben, es ist ja nichts Schlimmes darin.«
Ich nickte bejahend mit dem Kopfe und Mannefriedrich fuhr fort: »Der Lips und der Andres können es auch singen. Ich selbst habe zwar einen bösen Hals, aber es wird schon gehen.« Andreas Petry griff nun erneut zum Flageolett und nach einem kurzen Vorspiele sangen alle gemeinsam das Lied vom Hemsbacher Raub:

Seit dem ersten Mai ist uns bekannt
Der Hemsbacher Raub im badischen Land,
Der unser Leben hat verkürzt
Und uns in großes Leid gestürzt.

Die Armut, die war freilich schuld,
Weil man sie nicht mehr hat geduld't.
Die großen Herrn sind schuld daran,
Dass mancher tut, was er sonst nicht getan.

Drum sind wir jetzt, wir arme' Leut',
In diesem Fall, der uns gereut,
Sind unsrer fünfe arretiert,
Nach Heidelberg in Arrest geführt ...
Valentin Krämer der Erste war,
Der macht's den Herrn gleich offenbar:
Wer diesen Raub und Mord verricht't
Und sagt's uns andern ins Gesicht.

Danach wir alle gestanden ein
Durch Kerkerstraf' und Kettenpein:
Dass wir gewesen auch dabei
Und dass die Armut schuld dran sei.

Im Oktober ward das Verhör geschlossen.
Viel' Tränen haben wir vergossen.
Gott, der in alle Herzen siecht,
Der Herrgott, der verlässt uns nicht.

Jetzt wollen wir das Lied beschließen:
Doch lasse niemand sich's verdrießen,
Ist wohl vielleicht ein Fehler drein,
Das macht: Weil wir nicht studiert sein!

Dieses von Mannefriedrich selbst verfasste und kompo-
nierte Lied sangen die zum Tode Verurteilten mit einer
solch traurigen Empfindung, dass viele der unten vor
dem Gefängnis auf der Straße stehenden Menschen zu
weinen anfingen.

Blick vom Heidelberger Rathaus auf den Kornmarkt

2. Das Ende vom Lied

Das Urteil

»Zum Donnerwetter, was soll denn das schon wieder!«, schimpfte Dr. Ludwig Pfister, als er sich an seinen Arbeitstisch setzte. »Munzinger, Sie wissen doch, dass ich es nicht ausstehen kann, wenn Sie den Tisch in meiner Abwesenheit aufräumen! Alles hat so zu bleiben, wie es ist!«

»Wegen der Urteilsverkündung«, gab Munzinger zu bedenken. »Im ganzen Rathause wurde geordnet und geputzt, weil doch die Großherzogliche Kommission, die Herren aus Karlsruhe ...«

»Lächerlich! Wegen der paar Hofschranzen! Außerdem: Wer die Ordnung im Kopfe hat, braucht sie nicht auf dem Schreibplatze ...«, knurrte der Stadtdirektor, erbrach das Siegel eines Briefes und überflog ihn kurz. »Seit wann müssen wir denn unsere eigenen Anweisungen befolgen? Kinder freilich, das einfache Volk und ...«, fügte er schmunzelnd hinzu, »Stadtschreiber und Sekretäre, die brauchen schon eine Ordnung, dafür muss gesorgt sein. Deshalb, mein Lieber, notieren Sie auch gleich mal die folgende Verordnung für unser Heidelberger Wochenblatt.«

Der Sekretär öffnete sein Schreibpult, holte den Federkiel hervor und tauchte ihn in das Tintenfass. »Fertig?«, fragte Pfister. »Gut. Also Überschrift wie immer: Großherzogliches Stadtamt Heidelberg. Punkt. Neue Zeile. Das unanständige Pinkeln ...«

»Pinkeln?«, wiederholte Munzinger. »Im Ernst?«

»Nun ja, sagen wir besser um zu verhüten, dass unsere vornehmen Heidelberger Damen erröten oder gar in Ohnmacht fallen –, schreiben wir also: Das unanständige Wasserabschlagen auf der Straße vor den Häusern und besonders vor den Bierhäusern wird hierdurch bei einer Strafe von ... na, sagen wir mal, einem Gulden und dreißig Kreuzern strengstens untersagt! Wirte, vor oder an deren Häusern solches geschieht, sind für die Strafe verantwortlich und haben daher in ihren Häusern einen Platz zum Pinkeln – Pardon! – einen Platz zur Abschlagung des Wassers zu bestimmen und den Gästen anzuzeigen. Sehen Sie, Munzinger, solch eine Verordnung bringt uns mehr als ein aufgeräumter Schreibtisch. Die Fremden werden schließlich in Scharen in unsere Stadt einfallen, natürlicherweise viel trinken und notwendigerweise ebenso viel ...«

»Die Wirte werden gewiss ein gutes Geschäft machen«, meinte der Sekretär.

»Natürlich!«, strahlte der Stadtdirektor. »Das Spektakel kommt der ganzen Stadt zugute. Allerdings schreiben Sie, Munzinger: Der Ausschank von Schnaps und Branntwein darf am Tage des Blutgerichtes nur in kleinen Mengen erfolgen. Unsere Gäste sollen nüchtern bleiben. Mineralwasser, Milch und Limonaden tun es schließlich auch! Publikum wird allzu leicht zum Pöbel!«

»Sie denken an alles – wirklich genial ...«

»Ja, eine gewaltige Organisation. Aber der Mensch wächst mit der Aufgabe. Notieren Sie: Bei Strafe von zwanzig Reichstalern ist mit Schlag 10 Uhr abends Feierabend zu machen, ab 10 Uhr 15 darf niemand mehr die Gassen betreten. Des Weiteren werden am Tage des Blutgerichtes die Polizeiwachen und die Feuerwehren verdoppelt. Außerdem werden Gendarmen unter das Volk gemischt als geheime Spione, denn es wird eine Invasion von Räubern, Vaganten und Taschendieben über die Stadt hereinbrechen, und die nehmen nicht nur Abschied, die nehmen alles! In jedem Bürgerhause soll daher mindestens eine Person zur Bewachung daheim bleiben. Das empfehlen wir! Haben Sie?«

»Ja. Ich werde es so bald als möglich in Druck geben lassen.«

»Gut.« Der Stadtdirektor warf einen Blick auf die gläserne Standuhr. »Wann wollen unsere Karlsruher Herren eintreffen?«

»Sie müssten eigentlich schon da sein«, antwortete der Sekretär und legte sein Schreibgerät beiseite. »Und die Räuber?«

»... warten im dritten Stock. Andreas Petry hat wieder einmal nach einer Querflöte verlangt.«

»Und?«

»Ich habe sie ihm geben lassen. Wie ein Wilder nach einer Glasperle griff er begierig nach dem Instrument. Jetzt singen und spielen sie oben alle gemeinsam schon wieder ihre schaurigen Räuberlieder sehr zur Freude ihrer Wärter.«

»Macht nichts, Munzinger, macht nichts. Umso sanfter werden sie sein, wenn schließlich das Todesurteil verlesen wird. Übrigens: Sagen Sie dem Wärter, dass er auf Kosten der Stadtkasse Blumen besorgen soll für die Gefängniszimmer, damit die Delinquenten durch den Wohlgeruch eine kleine Erquickung haben.«

»Blumen?«, fragte der Sekretär.

»Selbstverständlich! Wir wollen unseren Gästen die letzten Tage so angenehm wie möglich machen, Munzinger. Kleine Bitten sollten nach Möglichkeit erfüllt werden: Wein, Bier, Kartenspiel, Musik ...«

»Ein fideles Gefängnis wird das.«

»Zu unserem Nutzen. Die Gefangenen denken dann nicht so schnell ans Ausbrechen und vielleicht danken sie es uns, indem sie singen.«

»Die schaurigen Lieder?«

»Singen –«, lächelte der Stadtdirektor. »Munzinger, aus Ihnen wird nie ein Kochemer. Singen – das heißt: petzen!«

»Aha. Und was bitte heißt petzen?«

Der Ludwig Pfister nahm sich ein paar Himbeeren aus einem Porzellanschälchen, schaute schmunzelnd auf seinen Sekretär, lehnte sich in seinem Sessel zurück und erwiderte: »Verraten, Munzinger, verraten werde ich Ihnen das niemals!«

Der Sekretär schüttelte den Kopf und schloss sein Stehpult.

Es klopfte. Ein Amtsdiener schaute herein. »Die Herren aus Karlsruhe! Sie haben bereits im Besprechungszimmer Platz genommen.«

Nachdem der Stadtdirektor seine Gäste aus dem Karlsruher Justizministerium und vom badischen Oberhofgericht zu Mannheim begrüßt hatte, gab er ein Klingelzeichen, um die sechs Delinquenten hereinführen zu lassen. Die Tür wurde geöffnet, es traten jedoch nur fünf ein.

Platz vor dem Gefängnis im Brückentor

Andreas Petry nämlich, der bereits durch den Anblick des Militärs auf dem Marktplatze und das Zusammenlaufen der Menschen eine Vorahnung des Urteiles hatte, war in Ohnmacht gefallen und musste auf einer Bahre hereingetragen werden. Durch ärztliche Hilfe konnte er jedoch bald wieder zu sich gebracht werden.

Der Stadtdirektor verlas die Todesurteile des Mannheimer Oberhofgerichtes und nach einer kurzen Pause verkündete der Hofrichter und Staatsrat von Schmitz die Bestätigung des Urteils durch Seine Königliche Hoheit, den Großherzog von Baden. Andreas Petry schrie laut und wütend auf, beteuerte seine Unschuld und begann zu toben. Nur mühsam konnten ihn zwei Gerichtsdiener auf seinem Stuhle festhalten. Dr. Pfister reichte ihm ein Glas Wein zur Stärkung.

Als Erster erhob sich Hölzerlips und trat vor den Richtertisch. »Ich will meine Strafe leiden. Aber wer diesen unschuldigen Buben zum Tode verurteilt hat, der kann es am Jüngsten Tage nicht verantworten!«

Mannefriedrich stellte sich neben ihn und fügte hinzu: »Das Urteil gegen mich ist ungerecht – ich will aber gern den Tod erdulden, wenn man die Übrigen am Leben lässt. Auch wünsche ich, meine Frau und meine Kinder an meinen letzten Tagen bei mir zu haben!«

Staatsrat von Schmitz erklärte, dass er eine solche Bitte nicht erfüllen könne. Daraufhin begann Mannefriedrich wie unbändig zu toben und zu fluchen. »Wir sind ja nicht schuld, sondern diejenigen, die uns zum Rauben und Stehlen gezwungen haben! Fluch allen großen Herren und Landesvätern, welche ihren Kindern Arbeit und Brot verweigern! Erst lässt man uns nicht leben – jetzt sollen wir sterben!«

Als nun auch die Übrigen sich anschlossen und wild durcheinander brüllten und tobten, ergriff Staatsrat von Schmitz seinen Spazierstock und schlug – Ruhe gebietend – mit dem Knauf dreimal auf den Richtertisch. »Genug! Genug des lästerlichen Frevels!« Daraufhin wandte er sich an den Stadtdirektor: »Wir unterbrechen für einen Augenblick! Herr Dr. Pfister, ich möchte eine Frage an Sie richten.«

»Nun?«, wandte sich der Stadtdirektor, nachdem die zum Tode Verurteilten in ein Nebenzimmer abgeführt worden waren, an den Hofrichter von Schmitz. »Hatten Sie etwas anderes erwartet?«

»Offen gestanden, Pfister, ich bin erschüttert!«

Der Stadtdirektor öffnete die Balkontüre und beide traten ins Freie. Auf dem Marktplatze liefen die Leute zusammen, nahmen ehrfurchtsvoll die Hüte und Mützen von den Köpfen und einer brachte sogar einen Hochruf aus. Der Stadtdirektor genoss diese Ovation mit sichtbarer Freude. Die Miene des Staatsrates aber blieb versteinert.

»Wissen Sie überhaupt, was Sie tun, Pfister?«, fragte er.

»Wieso?«

»Diese beiden Kinder – wir haben ja gar nicht gewusst, dass es sich bei Andreas Petry und Sebastian Lutz um zwei so junge Menschen handelt! So was kann leicht böses Blut in der Bevölkerung geben.«

»Beide sind voll verantwortlich für ihre Taten«, versicherte der Stadtdirektor. »Es handelt sich um erwachsene Männer!«

»Sind Sie da sicher?«

»Natürlich nicht. Sie wissen doch: Vaganten! Die nehmen es ja selbst mit dem Alter nicht so genau. Und Papiere haben sie nicht. Da kann man nur schätzen.«

»Schätzen?«, murmelte der Hofrichter entgeistert.

»Ja, sicher«, erwiderte der Stadtdirektor.

»Unseren Berechnungen wurde bis heute noch kein einziges Mal widersprochen. Die beiden Delinquenten haben sogar selbst zugegeben, dass sie jetzt etwa zwischen achtzehn und neunzehn Jahre alt sind!«

»Etwa? Jetzt? Zwischen achtzehn und neunzehn?« Hofrichter von Schmitz starrte fassungslos auf den Stadtdirektor. »Dann ... dann ist es ja durchaus möglich, dass die beiden vor einem Jahre, zur Tatzeit, noch keine achtzehn Jahre alt waren!«

»Lassen Sie sich nicht täuschen, Herr Staatsrat. Beide sehen jünger aus, als sie sind, und außerdem waren sie es, die am härtesten geschlagen haben!«

Nach dieser Unterbrechung wurden die Gefangenen, die sich inzwischen beruhigt und mit Wein gestärkt hatten, wieder hereingeführt.

Der Stadtdirektor beendete die Urteilsverkündung, gab den Wärtern einen Wink und die zum Tode Verurteilten wurden in ihre Gefängnisse zurückgeführt. Die Richter und Gäste aus Mannheim und Karlsruhe verweilten noch ein wenig und plauderten bei einem Glase Wein über ihre Eindrücke.

Als sich endlich alle vom Stadtdirektor verabschiedet hatten, wandte sich Staatsrat von Schmitz beim Hinausgehen noch einmal an Dr. Pfister: »Ihre Aktivitäten in allen Ehren, doch ganz im Vertrauen, um Ihnen unnötige Mühen zu sparen: Höheren Ortes ist man zu der Auffassung gelangt, dass die Vollstreckung der Todesurteile in der nächsten Woche doch besser in Mannheim stattfinden sollte ...«

»In Mannheim?« Der Stadtdirektor trat einen Schritt zurück. Er war plötzlich kreidebleich geworden. »Es ist noch geheim. Der offizielle Bescheid wird Ihnen auf dem schnellsten Wege ...«

»In Mannheim? Herr Staatsrat ... untertänigst ... aber bitte ...« Dr. Pfister fingerte in seiner Jackentasche und zog sein Sacktuch hervor.

»Was ist Ihnen, Pfister, was haben Sie?«

»Nichts. Nur ... es ist ...« Der Stadtdirektor tupfte sich über die Stirne. »Die Aufregungen, unsere Vorbereitungen, es ist doch schon alles ... monatelang habe ich im Schweiße meines Angesichts, in schlaflosen Nächten diesen Fall bearbeitet und nun alles zunichte! Kurz vor dem krönenden Abschluss diese ... diese Zurücksetzung ...«

»Im Gegenteil, Pfister, im Gegenteil! Ihre Verdienste als Räuberfänger sind unbestritten. Höheren Ortes gönnt man Ihnen deswegen auch eine Erholungspause, Sie dürfen sich auf Ihren Lorbeeren ausruhen! So müssen Sie unsere Entscheidung sehen!« Der Staatsrat lächelte und wandte sich zum Gehen, doch Dr. Pfister packte ihn am Ärmel.

»Untertänigst, noch einen Augenblick, Herr Staatsrat, es geht ja nicht um mein Ehrgefühl, um meine Person ...«

»Sondern?«, erkundigte sich Staatsrat von Schmitz gleichgültig.

»Die Demütigung unserer Stadt, unserer Heidelberger Bürgerschaft, es wäre eine kränkende Zurücksetzung der Bevölkerung.«

»Ich verstehe Sie nicht ganz.«

»Wir haben Kosten gehabt, die Verpflegung der Gefangenen und des Wachpersonals, die langen Untersuchungen, die zusätzlichen Feuerspritzen, die Schreibstellen, all das, aber auch die ständige Sorge der Bürger, meine Person einmal ganz hintangestellt, die Angst vor Attentaten, vor Brandstiftung und Feuersbrunst!«

»Ja und? Gerade deswegen, Pfister, müssten Sie doch zufrieden sein, wenn endlich wieder Ruhe einkehrt.«

»Aber wie soll ich das den Bürgern begreiflich machen, den Handelsleuten, den Gastwirten?«

Staatsrat von Schmitz zuckte die Achseln. »Es handelt sich doch lediglich um einen juristischen Akt.«

»Gewiss«, bestätigte Dr. Pfister. »Andererseits: Der Zusammenstrom so vieler Fremder belebt ja auch die Geschäfte! Flugschriften, Andenken und Porträts der Raubmörder werden verkauft. Die Wirtshäuser und Herbergen haben sich schon lange auf das große Ereignis vorbereitet. Verstehen Sie, es wäre der wohlverdiente Nutzen für all die Lasten, welche die Heidelberger Bevölkerung das ganze Jahr lang hat tragen müssen!«

»Nun ja«, meinte der Staatsrat. »Aber Seine Königliche Hoheit halten überhaupt nichts von derartigen Aufläufen. Am Ende wird der gemeine Pöbel nur aufgehetzt, übermütig und roh! Bei der Revolution der Franzosen hat man es doch gesehen!«

»Für eine würdige, ernste und sittigende Hinrichtung«, versprach Dr. Pfister feierlich, »die dem Staate nützt und dem Großherzog zur Ehre gereicht, will ich mich mit meinem Amte verbürgen!«

»Das ist immerhin ein Wort, Pfister! Nun gut, ich lasse es mir durch den Kopf gehen. Vielleicht kann ich mich doch noch höheren Ortes für Sie verwenden.« Staatsrat von Schmitz schlug mit dem elfenbeinernen Knauf seines

Heidelberg vom Osten, um 1810

Spazierstocks auf die Handfläche und trat zu seinen Kollegen auf den Gang hinaus.

»Danke, untertänigsten Dank«, murmelte der Stadtdirektor mit einer tiefen Verbeugung.

Der letzte Tag des Mannefriedrich

Fortsetzung des Berichts von Stadtpfarrer Theophor Dittenberger:

31. Juli 1812, 6 Uhr
Der Morgen des so bedeutungsvollen Tages war angebrochen, nicht in rosigem Glanze, sondern trüb und in Wolken gehüllt stieg die Sonne herauf. Bereits um sechs Uhr begab ich mich auf das Rathaus, um den Verurteilten in diesen ihren schwersten Stunden Trost und Beistand zu leisten. Auf dem Wege sah ich unzählbare Scharen von Landleuten aus den umliegenden Gegenden nach Heidelberg hineinströmen; in langen, dicht geschlossenen Reihen und größtenteils im Sonntagsputze wallten sie dem schon seit Sonnenaufgang mit Menschen besetzten Marktplatze entgegen. Vom Balkon des Rathauses wehten Blutfahnen als schreckliche Sinnbilder des Wortes: »Blut fordert Blut!«

Auch die Verurteilten waren bereits um sechs Uhr unter scharfer Bewachung aus ihren Gefängnissen abgeholt und in die für sie auf dem Rathaus vorbereiteten Zimmer gebracht worden. Mannefriedrich und Andreas Petry begrüßten mich wie gewöhnlich mit einem freundschaftlichen Händedruck. Beide wirkten gefasst und munter; Andreas Petry sah jedoch ein wenig blass aus. »Ich habe die ganze Nacht durch geschlafen!«, erklärte er. »Erst als es in meinem dunklen Gefängnis hell wurde, bin ich erwacht. Als ich meine Fesseln sah, bekam ich eine fürchterliche Angst und bin sofort aufgestanden. Aber als der Gefangenenwärter kam, mir Kaffee brachte und mich ans helle Tageslicht führte, ist mir die Angst sogleich vergangen.« Mannefriedrich erklärte hierauf: »Ja, ja, das

Sterben ist kein Kinderspiel, Herr Pfarrer. Ich versuchte in der Nacht noch, ein wenig in dem Gesangbuche zu lesen, weil ich nicht einschlafen konnte. Doch ich weiß nicht recht: Plötzlich konnte ich nicht mehr lesen; meine schweren Gedanken hinderten mich. Auch konnte ich nichts mehr von dem, was ich gelesen hatte, begreifen. Jetzt habe ich nur ganze vier Stunden schlafen können, aber es ist ja bald vorüber. Ich fürchte den Tod nicht mehr und werde standhaft sein.«

Ich knüpfte hieran an und erinnerte die beiden Verurteilten daran, wie sich Jesus Christus, obgleich er unschuldig gewesen, auf seinem Todeswege verhalten und dem Willen seines himmlischen Vaters gebeugt hatte. Mit diesen Worten leitete ich zum letzten, gemeinsamen Morgengebete über. Nach einer kleinen Pause, in welcher er aufmerksam den Raum betrachtete, sagte Mannefriedrich: »In diesem Zimmer habe ich schon des Öfteren zwischen den Verhören gesessen, aber damals habe ich nie geglaubt, dass es jemals so weit mit mir kommen würde, denn ich habe ja niemanden absichtlich ums Leben gebracht. Allerhöchstens habe ich damals mit einer zehnjährigen Zuchthausstrafe gerechnet. Doch will ich jetzt gern sterben! Aber warum, warum nur hat man dem Andres keine Gnade gegeben? Er ist doch viel zu jung! Er hat den Tod nicht verdient!«

»Ach, wie schwach wird mir's ums Herze!«, klagte Andreas Petry plötzlich, worauf ich ihm einen Teller mit Süßigkeiten und Konfitüren zur Stärkung reichte. Er freute sich kindlich darüber. »Der Basti und der Veit Krämer mögen ja auch so gern Süßes!«, lachte er, nachdem er sich verköstigt hatte, und reichte den Teller an den Wärter weiter. »Bitte schön, bringen Sie doch den Teller zu meinen Kameraden, damit diese auch noch eine Freude haben.«

Mannefriedrich ging nun wieder – wie schon mehrmals im Gefängnis – mit hastigen Schritten auf und ab, seufzte oft und sah zuweilen für einige Augenblicke aus dem Fenster. Er war sehr niedergeschlagen und seine bisher behauptete Fassung schien sich immer mehr zu verlieren. Durch Zuspruch und Trost suchte ich, seinen alten Mut wieder zu erwecken, und mein Assistent, der Diakonus Wolf aus Weinheim, gab jedem ein Glas Wein zur Stärkung. Bald darauf aber wurde Andreas Petry immer blasser und klagte über Übelkeit. Einer der Wachsoldaten führte ihn an das Fenster, und nachdem er sich an der frischen Luft erholt hatte, betrachtete er staunend die große Menschenmenge, die sich auf dem Marktplatze vor der Heiliggeist-Kirche versammelt hatte.

»Ach Gott, wie viele Menschen«, murmelte Petry, »so viele habe ich ja mein Lebtag noch nicht beieinander gesehen. Das gibt gewiss eine große und schöne Leich!«

Der Schlosser kam und wollte den beiden Verurteilten die vernieteten Eisen abnehmen. Als das Öffnen nicht gleich gelingen wollte, begann Mannefriedrich, den arbeitenden Schlossermeister zu belehren, wie er's besser machen könne. »Im Öffnen von Fesseln habe ich Erfahrung und gute Übung. Ich gebe freilich zu, dass es mir bei diesen bislang auch noch nicht gelungen ist!«

Endlich waren beide von ihren Eisenketten befreit und zeigten ihre Wundmale an den Gelenken. Währenddessen war der Gefangenenwärter mit den Sterbekleidern auf dem Arme in den Raum getreten. Ich winkte ihn jedoch wieder hinaus, weil ich es bislang versäumt hatte, die beiden Verurteilten auf ihre Einkleidung vorzubereiten.

Ich erklärte ihnen nun: »Der Augenblick rückt immer näher. Ihr seid darauf gefasst. Ihr werdet nun vor vielen Menschen erscheinen müssen. Kämet ihr vor ihre Augen in euren bisherigen Kleidern, so würden sie in euch nur die schon oft gesehenen Verbrecher erblicken. Deshalb wird man euch neue und weiße Kleider geben. In diesen erscheint ihr gleichsam als neue Menschen, die gereinigt sind von ihren Sünden, und als Begnadigte Gottes. Denn, ausgesühnt mit der Menschheit, werdet ihr bald in ein neues Leben treten!« Ich rief den Gefangenenwärter herbei, er legte die Sterbekleider aus und die Verurteilten kleideten sich mit der größten Ruhe um. Danach wurden sie erneut – aber mit einer leichteren Kette – gefesselt.

»So schöne Kleider habe ich noch niemals gehabt«, sagte Andreas Petry, als er sich in einem der großen Wandspiegel besah. »Vor allem die Mütze gefällt mir!«

Wieder traten die beiden ans Fenster und blickten auf die ungeheuere Volksmasse hinab. Die letzten Vorbereitungen wurden gerade getroffen. Allmählich füllten sich auch die für die vielen Ehrengäste und die hiesigen Akademiker reservierten Plätze. Alles harrte in tiefer Stille und mit klopfendem Herzen dem kommenden, entscheidenden Momente entgegen.

Bald darauf befiel Petry und später auch Mannefriedrich, wahrscheinlich durch die Bewegungen auf dem Marktplatze veranlasst, ein kalter Schweiß, der die Todesangst nur zu deutlich verkündete. Nochmals gaben wir ihnen Wein, ermunterten sie zur Standhaftigkeit und zum festen Glauben an Gottes Beistand. Am Fenster stehend, erklärte ich ihnen die Vorbereitungen und den tieferen Sinn des bevorstehenden Blutgerichtes und forderte sie auf, sich bei der feierlichen Urteilsverkündung mit Ruhe und Gelassenheit zu benehmen, von Leichtsinn oder gar Frechheit hingegen Abstand zu nehmen. Sie versprachen mir's beide, gaben die Hand darauf und wirkten nun ruhig und gefasst. Ich ergriff ein Taschentuch und wischte dem Mannefriedrich die Schweißperlen von der Schläfe. Er lächelte dankbar und sagte: »Jetzt freue ich mich doch, dass so viele Menschen gekommen sind. Sie wollen ja auch einmal etwas Schauriges sehen und wenn sie uns hassen und verabscheuen, so kann ich es ihnen nicht übel nehmen, denn sie wissen ja nicht, wie wir dazu gekommen sind. Aber gewiss gibt es unter diesen Tausenden auch manchen guten Menschen, der aus Mitleid für uns beten wird und Geld spenden für unsere Witwen und Waisen.«

Es war nun halb zehn Uhr und der feierliche Schall der Glocke verkündigte das Herannahen der Todesstunde. Erstarrt blickten mich die beiden an. Um ihnen die Bedeutung dieses Glockenzeichens zu verbergen, sagte ich mit erzwungener Gleichgültigkeit: »Täglich ruft um diese Stunde ein Glockenzeichen unsere Glaubensgenossen zum Gebete.«

Gemeinsam gingen wir die Treppen im Rathaus hinab. Den Mannefriedrich führte ich, den Petry der Diakonus Wolf an der Hand. Im zweiten Stocke fanden sie ihre mitverurteilten Unglücksgefährten Veit Krämer und Sebastian Lutz, welche sie seit drei Tagen schon nicht mehr gesehen hatten – beide heftig weinend. Es war ein erschütternder Anblick, wie sie einander umarmten, umklammerten und küssten und Mannefriedrich den Mutlosen Trost zusprach. Andreas Petry sagte zu Sebastian Lutz: »Hör auf mit dem Heulen, sonst muss ich auch noch weinen!« Veit Krämer aber verkündete allen Umstehenden: »Jetzt reut es mich doch, dass durch mein aufrichtiges Geständnis meine Kameraden zu Tode kommen. Aber ich habe es ja nur getan, weil wir Mörder geworden sind und damit nicht noch mehr andere Leute durch uns unglücklich werden.«

»Wenn das deine Absicht war«, sagte der Kaplan, Veit Krämers Beichtvater, tröstend, »so sei vollkommen ruhig. Dann wird dir's Gott lohnen und die menschliche Gesellschaft wird dir ewig Dank dafür wissen!«

Inzwischen waren auch Hölzerlips und Mathias Österlein herbeigeführt worden, und gemeinsam mit uns Seelsorgern traten die sechs Verurteilten in ihren weißen Sterbekleidern nun noch einmal auf den großen Balkon des Rathauses, um sich der Menge zu zeigen. Für ein kurzes Weilchen kam auch der Stadtdirektor hinzu, reichte einem jeden die Hand und erklärte mit tief bewegter Stimme: »Der heutige Tag soll dazu dienen, euch mit der bürgerlichen Gesellschaft wieder auszusöhnen – es ist ein Tag der Reue, aber kein Tag der Rache!«

Gemeinsam gingen wir dann die Treppen hinab, traten aus dem Hauptportale des Rathauses hinaus und mit einem Male begannen sämtliche Glocken der Stadt, mit dumpfem, feierlichem Tone den Anfang des Blutgerichtes einzuläuten.

Die Wette

»Nun, Herr Direktor, wie war es auf dem Breuberg?«
Egbert Munzinger, der Sekretär des Stadtdirektors, half
seinem Vorgesetzten aus dem Reisemantel. »Hat sich
Ihre Reise gelohnt? Wie verlief die Hinrichtung bei den
Hessen?«

»Ich bin enttäuscht, zutiefst enttäuscht! Da habe ich an-
dere Vorstellungen!« Der Stadtdirektor trat hinter seinen
Schreibtisch. Aus einer Schublade zog er ein Döschen mit
Schnupftabak hervor und legte sich eine Prise zurecht.
»Auch war es entsetzlich kühl und windig auf der Schä-
delstätte. Die Delinquenten in ihren dünnen Sterbeklei-
dern waren zu bedauern. Sie werden sich einen schönen
Schnupfen mit auf ihre Höllenfahrt genommen haben!
Haa-hatschi! Pardon!« Der Tabak tat seine Wirkung.

»Gesundheit!«

»Danke! Ahhh! Ähh Munzinger, wir werden das natürlich alles ganz anders machen. Ich habe mit dem
Peinlichen Kriminalrichter Brill eine Wette abgeschlossen – um ein Fässlein Wieslocher Weines. Denn ich bin
überzeugt, dass wir in Heidelberg das besser machen,
würdiger!«

»War es denn wirklich so schlimm?«

»Munzinger, es war schauerlich! Wir bangten gerade-
zu um Scharfrichter Nord, einen fünfundsechzigjährigen
schlichten Mann, der ein wenig zitterte, dies aber doch
durch reichliche Erfahrung wieder wettmachte. Treffend
und schnell setzte der wackere Alte seinen Streich an, der
Kopf des armen Kaspar Mündörfer sprang vom Rumpfe
und in einer gewaltigen Fontäne sprudelte das Blut ...«

Sekretär Munzinger war kreidebleich geworden und
starrte auf die frisch gewachsten Holzdielen. »Entsetzlich!«, murmelte er. »Schauderhaft!«

»Im Gegenteil«, widersprach der Stadtdirektor, »von Entsetzen konnte überhaupt keine Rede sein! Die Menge jubelte und johlte und nachdem auch den Christian Haag sein blutiges Schicksal ereilt hatte, sprang die alte Ehefrau des Scharfrichters hervor, erkletterte das Blutgerüst und küsste in freudiger Erregung das noch blutig warme Schwert!«

Der Stadtdirektor unterbrach seine Erzählung und klopfte seinem Sekretär auf die Schulter. »Keine Bange, Munzinger, in Heidelberg machen wir das anders! Ich will weitere Einzelheiten nicht schildern und Sie schonen. Nur zwei Widerwärtigkeiten noch, die den Aberglauben des einfachen Volkes zeigen. Stellen Sie sich vor: Die Splitter des zerbrochenen Gerichtsstabes wurden wie heilige Reliquien gehandelt! Und am Ende erdreistete der Pöbel sich sogar, die noch blutbefleckten Bretter des Richtgerüstes herauszureißen, als Andenken oder um böse Geister zu bannen, wer weiß. In demselben Augenblicke übrigens, als die Köpfe der armen Sünder zu Boden rollten, hielt der Knecht des Henkers jedes Mal einen Becher in den aufschießenden Blutstrahl und reichte ihn einigen Leuten in der Nähe, die ihn reihum austranken, um sich dadurch – welcher Aberglaube! – von der fallenden Sucht zu heilen! Glauben Sie mir, Munzinger, das schnürte selbst mir die Kehle zu!«

»Abscheulich, ekelhaft!«, murmelte der Sekretär des Stadtdirektors. »Das sind ja mittelalterliche Bräuche.«

»Munziger, Sie sagen es! Der Großherzog von Hessen hat seinen Untertanen das neue Jahrhundert verboten! Bei uns dagegen dafür werde ich Sorge tragen – in Heidelberg wird es weder Gelächter noch Gejohle noch Beifall geben, sondern es muss totenstill sein. Eine andächtige, feierliche Stille! Unser Freund Brill wird Augen machen! Ich werde ihm beweisen, dass bei uns die Massen, der gemeine Pöbel auf den Straßen, so roh und ungebildet er auch sein mag, stille halten und ergriffen schweigen wird!«

Ungläubig starrte Sekretär Munzinger auf seinen Vorgesetzten. »Und wie wollen Sie das erreichen, Herr Stadtdirektor? Wollen Sie neben jeden Bürger einen Gendarmen stellen, der ihn bewacht? Wenn das Volk brüllen will, brüllt es!«

»Es wird nicht brüllen«, schmunzelte Dr. Pfister, »verlassen Sie sich drauf! Das Henkersfest wird nach meinen Spielregeln gefeiert! Die Wette gilt. Munzinger, glauben Sie mir: Selbst Menschen der untersten Klasse, nehmen Sie nur mal unsere schlimmen Raubmörder, selbst solche verworfenen Kreaturen sind noch zu rühren und es trägt mancher den Keim eines Besseren in sich. Ich werde den Hessen beweisen, dass eine Hinrichtung mehr als eine Strafe, dass es, wie unsere klassischen Tragödien, ein Furcht und Mitleid erregendes Schauspiel sein muss, welches eine reinigende Wirkung auf die menschlichen Seelen ausübt!« Der Stadtdirektor nahm seine kostbare Weinkaraffe vom Tische, goss zwei Gläser voll und schob eines seinem Sekretär hin. »Prost, Munzinger, uns stehen arbeitsame Tage bevor!«

Das »Blutgericht« gegen die Hölzerlipsbande vor dem Heidelberger Rathaus

Der letzte Tag des Mannefriedrich

Fortsetzung des Berichts von Stadtpfarrer Theophor Dittenberger:

31. Juli 1812, 10 Uhr

Unter dem Läuten sämtlicher Glocken der Stadt führten wir unsere bedauernswürdigen Brüder auf die vor dem Rathaus errichtete Bühne, wo noch einmal unter freiem Himmel das Todesurteil verkündigt werden sollte. Der gesamte Stadtrat mit dem Oberbürgermeister Mays und dem zweiten Bürgermeister Walz an der Spitze hatte sich bereits in feierlichem Zuge auf den hierzu schicklich dekorierten Gerichtsplatz begeben. Das Peinliche Gericht traf wenig später ein und nahm auf dem erhöhten Podeste an einem schwarz dekorierten Gerichtstische Platz.

Der Oberbürgermeister und der Bürgermeister überbrachten dem Stadtdirektor gemeinsam die Gerichtsstäbe. Jetzt endlich durften sich auch die sechs Inquisiten, dem Gerichte gegenüber, auf den schwarzen Stühlen niedersetzen. Wir Seelsorger standen ihnen teils zur Seite, teils hinter ihnen. Mannefriedrich und Mathias Österlein zeigten sich zunächst mit ziemlich festem Mute, Hölzerlips sogar mit einer von an Frechheit grenzenden Freundlichkeit und Leichtigkeit. Veit Krämer allerdings weinte und jammerte schrecklich, hielt öfter das mit den Händen umklammerte Kruzifix in die Höhe, küsste es und betete. Sebastian Lutz und Andreas Petry waren bleich und wirkten dem Zusammenbruch nahe.

Der Stadtdirektor gebot durch einen Schlag mit dem Stabe und einem lauten Ruf: »Stille!« Die drei Gerichtsdiener riefen, einer nach dem anderen sich gegen die Menge wendend: »Stille!« Nachdem der Stadtdirektor die vollzählige Anwesenheit des Gerichtes festgestellt hatte, eröffnete er, mit entblößtem Haupte aufstehend und den Gerichtsstab in der Hand, das Peinliche Blutgericht: »Weil dann also dieses Blutgericht gehörig besetzt und es gerechte Zeit ist, so eröffne ich es hiermit im Angesichte des Himmels und der Erde!«

Die drei Gerichtsdiener riefen einer nach dem anderen: »Wer Ohren hat zu hören, der höre!«

Nach einem Schlag mit dem Stabe fuhr der Stadtdirektor fort: »Im Namen des Allmächtigen Gottes, des Obersten der Richter, welcher die Herzen und Nieren der Menschen ergründet und die Haare auf ihren Scheiteln gezählet hat«, erneut erfolgte ein Schlag mit dem Stabe, »im Namen Seiner Königlichen Hoheit Carls von Gottes Gnaden, Großherzog zu Baden, Herzog zu Zähringen, Landgraf zu Nollenburg, Graf zu Hanau, unseres allergnädigsten Fürsten und Herrn und kraft meines Amtes ist dieses Blutgericht eröffnet!«

Nach einem dritten Schlag mit dem Stabe zogen sämtliche anwesenden Richter ihre Säbel und legten sie auf dem schwarzen Tische über dem Todesurteile kreuzweise übereinander.

Die Richter setzten sich, die Verurteilten hingegen wurden aufgefordert, sich zu erheben und mit entblößtem Haupte das Todesurteil entgegenzunehmen. Nachdem der Sekretär des Stadtdirektors die Urteile sowie die allerhöchste Bestätigung Seiner Königlichen Hoheit verlesen hatte, wandte sich Dr. Pfister an die Verurteilten: »Mit diesem Schwerte sollet ihr also hingerichtet werden – vom Leben zum Tode! – Gerecht, in höchstem Grade gerecht ist dieses Urteil! Verdient von euch, verdient in höchstem Grade ist diese Strafe! – Euer Leben ist verwirkt – auf dieser Erde ist für euch kein Bleiben mehr.«

Jetzt ergriff Dr. Pfister den Gerichtsstab, brach ihn und warf ihn den armen Sündern vor die Füße. »Ich zerbreche mit diesem Stabe zugleich das Band zwischen der Menschheit und euch. Nur bei Gott könnt ihr noch Gnade finden! Wehe über euch! Wehe! Wehe!« Als nun auch die drei Gerichtsdiener ein dreimaliges »Wehe!« riefen, sackte Sebastian Lutz besinnungslos in sich zusammen und konnte nur mit größter Mühe auf dem Stuhle festgehalten werden.

Nach einer Pause erhob sich der Stadtdirektor erneut von seinem Sitze und sprach: »Allmächtiger! Allgütiger! Allbarmherziger Gott! Ich danke dir mit gerührtem Herzen, dass du mich das Härteste vollbringen ließest und nun bitte ich dich: Verleihe mir auch die Gnade, dass ich das vollbringe, was mein eigenes Herz erheischt, was so mancher Redliche in dieser Menge wünscht, was selbst die hier vor uns stehenden armen Sünder verlangten und was der gnädigste Wille meines erhabensten Souveräns, unseres durchlauchtigsten Fürsten ist!«

Der Stadtdirektor unterbrach sich, um Luft zu holen, und setzte mit tränendem Auge und erhöhter Stimme fort: »Andreas Petry und Sebastian Lutz – euch ist das Leben geschenkt!«

Lauter Jubel der versammelten Menge erscholl über den Marktplatz und nicht enden wollten die Rufe: »Es lebe der Großherzog von Baden! Er lebe! Er lebe hoch!« Tausende von Herzen segneten den Fürsten, der zwar gerechter Richter des Verbrechens, aber auch gnädiger Vater ist.

Während Sebastian Lutz nur langsam durch die angestrengtesten Bemühungen des Arztes aus seiner Ohnmacht erweckt werden konnte, zeigte sich Andreas Petry tief erschüttert, fiel auf seine Knie und rief, währenddem er die Hände so weit emporhob, als es die Kette gestattete: »Gott Lob und Dank!« Und nach einer kleinen Pause: »Ich bedanke mich tausendmal, Herr Direktor!«

Mannefriedrich aber umarmte seinen jungen Kameraden mit herzlicher Teilnahme und schließlich lagen sich unter dem Jubel der Massen alle in den Armen und freuten sich wie Kinder.

Doch schnell erlosch dieser Funke von Freude wieder und Mannefriedrich flüsterte mir zu, als er hörte, dass die Begnadigten ein lebenslängliches Gefängnis erwarte: »Ins Zuchthaus mag ich nicht lebenslang. Zum Glück ist unser Elend bald vorbei.«

Wenig später jedoch, als die Begnadigten entfernt und die vier dem Tode Geweihten von ihren Ketten befreit und in die Gewalt der Knechte des Scharfrichters gegeben wurden, bebte selbst Mannefriedrich, blass vor Schrecken, einige Momente. Hölzerlips hingegen äußerte Freude, als er sich der Ketten entledigt sah. Er wiederholte mehrere freie Bewegungen mit den Händen als etwas sehr Erfreuliches und lange Entbehrtes und bat die Henkersknechte, ihm die Hände nicht zu fest zu binden, denn »das tut doch weh!« Mannefriedrich erholte sich bald wieder und äußerte beim Hinaufsteigen auf den Schinderkarren, während er sich reckte und über das dichte Menschengewimmel hinwegsah: »Das ist doch bestimmt ein Leichenzug, wie es in Heidelberg noch keinen gegeben hat!«

Bevor die drei Schinderkarren und die Kutschen der Ehrengäste ihre Fahrt beginnen konnten, gab es noch eine kurze Wartezeit, in der das Militär die Einmündung zur Hauptstraße räumte. Mannefriedrich nahm nun ehrerbietig seine weiße Todesmütze ab und erklärte den aus dem Fenster am Marktplatz schauenden und den die Wagen umringenden Menschen, dass er als ein guter Christ und gefasst sterben wolle. Dann rief er mit tränenerstickter Stimme: »Ich danke euch, ihr lieben Menschen, schon vor meinem Tode für die Wohltaten, die ihr aus Barmherzigkeit für meine Witwe und meine kleinen Waisenkinder durch eine milde Beisteuer erweisen werdet und wünsche euch allen Gottes Segen!«

Kurz darauf setzte sich der ehrwürdige Kaplan mit dem laut weinenden Veit Krämer zu uns auf den Wagen. Mannefriedrich versuchte ihn zu trösten und sprach ihm immer wieder Mut zu.

Unter Glockengeläute setzte sich endlich der Zug durch ein dichtes Spalier von Menschen die Hauptstraße entlang in Bewegung.

Mannefriedrich sprach viel mit uns, kam immer wieder auf die Härte seines Urteiles und auf die Verantwortung derer, die an seinem Unglücke schuld wären, zu sprechen und hob dabei mehrmals die gebundenen Hände kläglich zum Himmel empor. Auf meine ernstliche Zurechtweisung erwiderte er endlich: »Ach, Herr Pfarrer, ich hab ja keinen Hass mehr und verzeihe allen Menschen von Herzen!« Durch die Menge der Menschen, welche die Straße auf beiden Seiten bis zum Richtplatze dicht besetzt hatten, kam unser Zug unterwegs mehrere Male zum Stehen und die beiden erhielten mehrmals Becher mit Wein gereicht. Mannefriedrichs Gedanken wurden nun wieder freundlich und mehr als einmal sagte er zu den Umstehenden: »Ihr Heidelberger werdet an den Mannefriedrich gewiss noch lange denken!«

Am Mannheimer Tore schließlich bemerkte Mannefriedrich einige Gefangene an den Fenstern, auch in dem Gefängnis, in dem er seit drei Tagen zum Tode vorbereitet worden war. Einem der Gefangenen, der kläglich aus dem Gitterfenster seines Kerkers herausblickte, streckte er seine gebundenen Hände entgegen und wünschte ihm, als der Wagen schon durch das Tor fuhr: »Adieu! Gott sei mit dir und befreie dich bald!«

151

Actenmäßige Geschichte
der
schrecklichen Thaten,

welche

in der Nacht vom letzten April auf den ersten May 1811
auf der Bergstraße zwischen Laudenbach und Hemsbach
an zweyen Schweizer Kaufleuten verübt

und

am 31. Julius 1812 auf der Richtstätte zu Heidelberg

an sechs Raubmördern mit dem Schwert

bestraft wurden.

Als warnendes Beyspiel von Gottes Rache gegen den,
der Böses thut.

Mit kurzer Schilderung der Raubmörder
zur Kunde
für Kinder, Enkel und Urenkel
aufgesetzt.

Zum Besten der nothleidenden Menschheit,
damit aus Bösem auch was Gutes entstehe.

Mit der sehr ähnlichen Abbildung des Anführers
Hölzerlips.

Heidelberg 1812.

Ein großer Tag

Gemeinsam mit seinem Ehrengast, dem Peinlichen Richter Brill, sowie dem Neckar-Kreisdirektor von Manger und Sekretär Egbert Munzinger bestieg Dr. Ludwig Pfister die offene Kutsche, die sie auf die Richtstätte vor den Toren der Stadt bringen sollte. »Wir fahren direkt hinter dem Hölzerlips her – da gibt es gewiss noch Bemerkenswertes zu sehen!«

Noch immer waren die Wagen in der Menschenmenge festgekeilt, denn alle zog es jetzt vom Marktplatze auf die Schädelstätte hinaus. Sobald die Menschen den Stadtdirektor erkannten, blieben sie stehen, applaudierten und brachten immer wieder Hochrufe aus: »Auf den wackeren Räuberfänger, den Befreier des Odenwaldes!«

Einer der Wachsoldaten drängte sich an die Kutsche heran und rief: »Herr Stadtdirektor, der Hölzerlips hat einen letzten Wunsch geäußert. Er will den kleinen Markus, das Kind des Gefängniswärters, noch einmal sehen! Er sagt, er liebt es mehr als alles auf der Welt!«

»Gut, gut! Das soll geschehen«, schmunzelte der Stadtdirektor. »Ein Bote soll zum Mannheimer Tore vorausreiten und die Wärterin soll uns das Kind herausbringen.« Dr. Pfister wandte sich an seinen Ehrengast und bemerkte: »Ein typischer Zug diese Verwirrung der Empfindungen! Der Hölzerlips pflegte nämlich des Öfteren mit dem zweijährigen Buben zu spielen und so merkwürdig es anmuten mag bei einem rauen und gewissenlosen Raubmörder, er ist in der Tat sehr kinderlieb.«

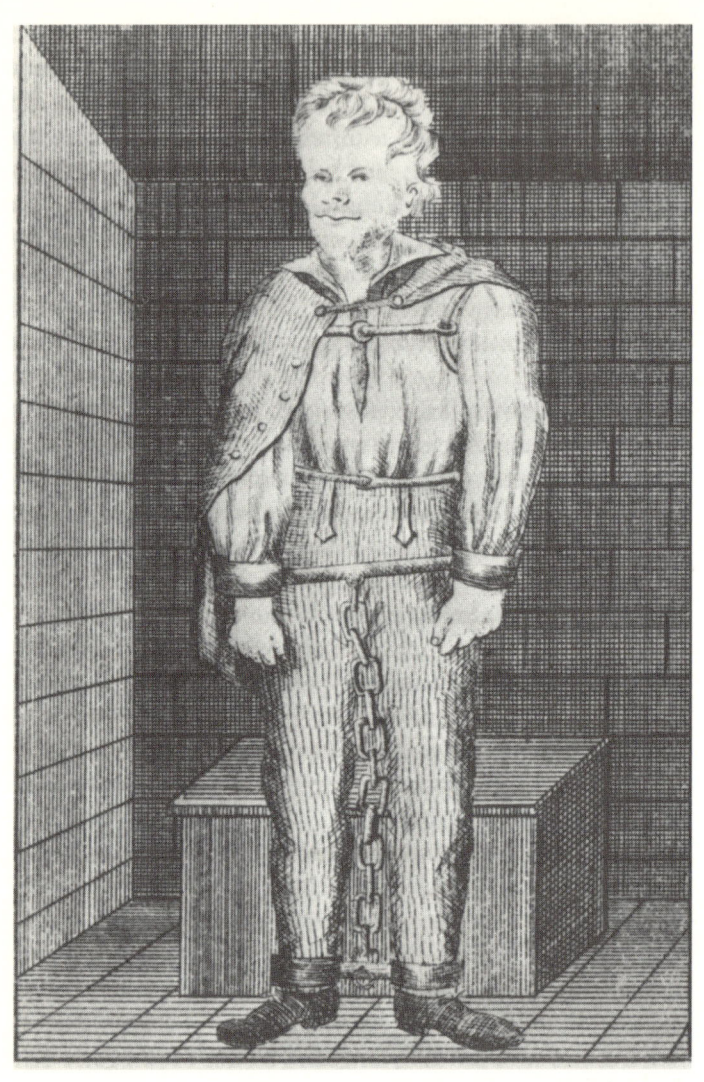

Hölzerlips in Ketten

Einem kleinen Mädchen war es gelungen, sich durch die dichte Menschenmauer hindurch zu drängen, sie wurde hochgehoben und warf einen Blumenstrauß in die Kutsche des Stadtdirektors. Dr. Pfister dankte, indem er dem Mädchen über das Haar strich.

»Nun, Brill«, wandte er sich wieder an seinen Gast, »wie gefällt Ihnen denn meine Zeremonie?«

»Nun ja – Sie machen es wirklich spannend«, erwiderte der Peinliche Richter zögernd. »Zumindest muss ich zugeben: ein bleibender Eindruck.«

Der Stadtdirektor lächelte befriedigt. »Abwarten! Es kommt noch besser! Die Hofschranzen wollten mir diesen Triumph ja nicht gönnen. In allerletzter Minute noch sollte Heidelberg um die Ernte eines ganzen schweren Jahres gebracht werden! Intrigen, Sie verstehen!«

Neckarkreis-Direktor von Manger versuchte, von dem heiklen Punkte abzulenken: »Ist eigentlich bekannt, wie viele Menschen heute hier versammelt sind?«

»Nein. Wir haben zwar an allen Straßen und Wegen, die nach Heidelberg führen, die Wachen und Patrouillen verstärkt und ihnen aufgetragen, die Fremden zu zählen aber die Finger der Leute reichten wohl nicht ganz aus. Wir rechnen mit dreißigtausend ...«

»Zehntausende warten ja schon seit Stunden draußen auf dem Richtplatze«, ergänzte der Sekretär des Stadtdirektors. »Sie wollen nur das Köpfen miterleben und raufen sich schon seit dem Morgen um die Plätze. Wir mussten das Schafott durch Reiter schützen, sonst hätten die Leute unsere Gerüste zertrampelt.«

»Beängstigend!«, meinte der Peinliche Richter. »Nur gut, Pfister, dass Sie den gemeinen Pöbel so fest in der Hand haben.«

»Gewiss, Brill, ein Glück aber auch, dass Heidelberg in Baden und nicht in Hessen liegt!«

»Na ja – das haben jetzt Sie gesagt.« Der Gast aus Darmstadt lächelte vieldeutig.

»Warten Sie mal, der Hölzerlips will eine Rede halten. Pst!«, unterbrach der Kreisdirektor.

»Ruhe!«, brüllten einige junge Burschen.

Hölzerlips erhob sich in seinem Wagen, streckte die gefesselten Hände in die Höhe und rief: »Liebe Heidelberger, lieber Herr Stadtdirektor! Viel Gutes habe ich in Heidelberg genossen und ich danke den Einwohnern dafür! Wenn die Not nicht gewesen wäre, so hätte ich wohl auch gern einmal in solch einer schönen und reichen Stadt eine Wohnung gehabt. Denn in meinem ganzen Leben ist es mir niemals so gut gegangen wie hier, wo ich von allen Sorgen um meinen und den Lebensunterhalt der Meinigen befreit war. Und jetzt noch diese schöne Totenfeier, ich werde sie mein Lebtag nicht vergessen!«

»Bravo!«, brüllten die Umstehenden, applaudierten, jubelten und lachten.

»Hat er das wirklich ernst gemeint?«, erkundigte sich der Peinliche Richter.

»Das weiß man bei diesen Burschen ja nie«, erwiderte Dr. Pfister.

Endlich konnte sich der Zug langsam, an der Heiliggeistkirche vorbei, in Bewegung setzen und Brill fragte: »Dieses dreimalige, schaurige Wehe!, Wehe!, Wehe! – wie sind Sie darauf gekommen?«

»Vieles habe ich aus alten Blutgerichts-Protokollen, manches – in aller Bescheidenheit – aber auch selbst ersonnen, die weißen Sterbekleider zum Beispiel und die schwarzen Dekorationen. Glauben Sie mir, Brill, nächtelang habe ich mir keinen Schlaf mehr gegönnt – wegen des Rituals und aller Sicherheitsmaßnahmen! Bis in die heutige Nacht hinein wurde im Fackelscheine an unserem Blutgerüste gezimmert.«

»Alle Achtung, Herr Stadtdirektor, am besten aber –

gewissermaßen der Höhepunkt die Begnadigung der beiden Buben! Das war das Salz in der Suppe, damit hatten Sie plötzlich alle, sogar den gemeinen Pöbel, auf Ihrer Seite!«

»Dies freilich war nicht meine Idee«, murmelte der Stadtdirektor. »Obwohl – das will ich eingestehen – ich sogar selbst ein wenig gerührt war!«

Am Gasthause zum Riesen ließ der Stadtdirektor den Kutscher plötzlich anhalten und befahl einen Druckschriften-Verkäufer an den Wagen heran, welcher Gedenkblätter, Prospekte, Kupferstiche der Haupträuber und Programmhefte feilbot. Dr. Pfister ließ sich eines der Heftchen übergeben und reichte es an Richter Brill weiter. »Hier, lesen Sie mal, was für ein widerwärtiges Zeug gedruckt und geschmiert wird!« Brill blätterte in dem Programmheft, das eigens für die Hinrichtung hergestellt worden war, und las die einführenden Worte:

»Der Tag der Gerechtigkeit ist heute erschienen, an welchem Gräueltaten durch die Hand des Scharfrichters bestraft werden, vor deren Erzählung man schon zurückschaudert. Glückliche Bewohner der Neckar- und Rheingegenden, euer irdisches Paradies ist auf einige Augenblicke einer schaudervollen Nacht in eine Hölle verwandelt worden, durch die ruchlosen Hände keiner Menschen, sondern reißender Tiere in Menschengestalt, welche das Jammerund Zetergeschrei eines treuen und liebevollen Vaters vieler Kinder nicht achteten, sondern mordeten, damit gemordet würde!

Ha! Einer solchen Tat folgt die Rache Gottes auf dem Fuße nach. Nur wenige Stunden sollten die Raubmörder ihre Beute unter den Klauen haben: Die zertretene Menschheit schrie. ›Wer Menschenblut vergießt, dessen Blut soll wieder vergossen werden!‹ Stählt daher euere Herzen, die ihr Zeugen der Hinrichtung von sechs Menschen seid. Lasset kein unzeitiges Mitleid in euch stattfinden, denn diese Geschöpfe haben die Menschheit ausgezogen, sie sind nicht mehr euresgleichen!«

»Sehen Sie, Brill«, sagte der Stadtdirektor lächelnd, »selbst in manchen Heidelberger Köpfen herrscht noch das finsterste Mittelalter!«

Inzwischen waren sie unter dem Mannheimer Tore hindurch gefahren, wo man dem Hölzerlips noch einmal den kleinen Buben der Wärterin gezeigt hatte, und auf die Mannheimer Chaussee gelangt. Selbst hier noch säumte eine unübersehbare Menge, in mehreren Reihen hintereinander stehend, den Straßenrand. Nach gut einer Viertelstunde erreichte die feierliche Prozession, unweit der Abzweigung zur Eppelheimer Straße, einen bereits abgeernteten Getreideacker, auf welchem das Blutgerüst und die Richtertribüne errichtet waren. Berittenes Militär bahnte den Schinderkarren und Kutschen den Weg und geleitete sie zum Schafott, das in einem weiten Kreise von dicht nebeneinander stehenden Soldaten mit aufgepflanzten Bajonetten gesichert wurde.

»Mein lieber Brill«, wandte sich der Stadtdirektor beim Aussteigen noch einmal an den Richter aus Darmstadt, »ich habe auf der Tribüne einen Ehrenplatz für Sie reserviert, mein Sekretär Munzinger wird Sie dorthin führen. Betrachten Sie unser Schauspiel in aller Ruhe und denken Sie dabei an unsere Wette!«

Der letzte Tag des Mannefriedrich

Fortsetzung des Berichts von Stadtpfarrer Theophor Dittenberger:

31. Juli 1812, 12 Uhr mittags
Als der Wagen auf dem Richtplatze eintraf und in den vom Militär gezogenen Kreis hineinfuhr, schauten sich Veit Krämer und Mannefriedrich neugierig, aber schaudernd um. Das Blutgerüst war etwa vierzig Fuß lang, ebenso viele breit und vielleicht sechs Fuß hoch; es war mit schwarzem Tuch umhangen und mit einer Falltüre versehen, durch welche man die Körper und Köpfe der Enthaupteten nachher in einen verdeckten Behälter schaffen konnte.

Ich versuchte, Mannefriedrich von dem grausigen Gegenstande abzulenken, doch erwiderte er: »Lassen Sie, Herr Pfarrer, ich muss es doch sehen! Es ist ja mein größtes Erlebnis!« Während nun das Gericht auf der erhöhten Tribüne am schwarz bedeckten Tische auf schwarz überzogenen Stühlen seinen Sitz nahm, brüllte plötzlich in der Nähe unseres Wagens einer der Umstehenden: »Bravo! Reißt ihnen die Köpfe ab! Diesen Spitzbuben geschieht es nur recht!« Auf der Stelle empörten sich einige Bürger gegen den Schreihals, zischten und wollten ihn zurechtweisen, doch antwortete Mannefriedrich mit erhobener Stimme: »Guter Freund! So solltest du doch nicht reden im Angesichte eines Blutgerüstes und des Todes. Ich will dir auch noch etwas sagen: Unser Herr Jesus Christus ist nämlich zwischen zwei Räubern gekreuzigt worden. Der eine sagte: Herr, denke an mich, wenn du in dein Reich kommst, und der Herr Jesus hat ihm geantwortet: Heute noch sollst du mit mir im Paradiese sein. Siehst du, das bin ich, denn ich hoffe auf die Barmherzigkeit Gottes. Der andere Räuber aber hat den Herrn Jesus am Kreuze angespuckt und ausgespottet und ist nicht in den Himmel gekommen, der will ich nicht sein! Wir sind ja alle arme Sünder und ich bin einer der größten! Wer aber nie eine Sünde getan hat, der werfe den ersten Stein auf mich!«

Erregt setzte er sich wieder und ich bemühte mich ihn zu beruhigen. Als wir endlich auf das Schafott gerufen wurden, sprang er mit einem Satze vom Wagen und ging mit dem Lächeln, das ihm eigentümlich war, und mit festem Schritte zu dem ihm bestimmten Platze. Ich setzte mich neben ihn, legte meine Hand auf die seine und merkte, dass sie – trotz aller äußeren Beherrschung – zitterte. Auch Hölzerlips hatte den höhnischen Zug seines Mundes verloren. Zögernd und schwankend betrat er die hölzernen Bohlen. Selbst jetzt jedoch mochte er nicht darauf verzichten, dann und wann einen neugierigen Blick auf die Volksmenge zu werfen, ja sogar den Kopf herumzudrehen, um sie von allen Seiten überblicken zu können. Mathias Österlein hingegen lächelte sanft entrückt vor sich hin. Veit Krämer aber, der als Angehöriger der römisch-katholischen Religion entfernt von den dreien an einer anderen Seite des Schafotts saß, schwamm in Tränen, küsste mehrmals das Kruzifix, welches er in den Händen hielt, und konnte nur mit Mühe bei Bewusstsein gehalten werden.

Die feierliche Zeremonie konnte nun ihren Lauf nehmen. Nachdem die Gerichtsdiener dreimal feierlich »Stille!« gerufen hatten, erhob sich Dr. Pfister und befahl der versammelten Menge, dem Scharfrichter – es handelte sich um Henker Widtmann – keine Hinderung bei seinem schweren Amte zu tun und auch dann, wenn ihm, was Gott verhüten möge, etwas misslingen sollte, keine Hand an ihn zu legen. »Darum Friede dem Scharfrichter! Friede! Friede!« Nochmals wurde nun das Todesurteil verlesen, alsdann aber schritt der Scharfrichter zum Vollzuge. Sobald Mannefriedrich hörte, dass er der Erste sein sollte, stand er auf und verabschiedete sich von seinen Kameraden, besonders aber von Mathias Österlein, den er wiederholt und mit einer Art von Wut küsste. Auch von seinen Wärtern nahm er Abschied. Als ich ihn fragte, ob er bereit sei, antwortete er: »Ich bin bereit. Ich fürchte mich nicht vor dem Tode. Meine Sünden sind mir vergeben. Es ist bald überstanden! Grüßen Sie mein Cathrinchen noch vieltausendmal von mir. Auch bei Ihnen bedanke ich mich für alles. Denken Sie noch manchmal an den Mannefriedrich!«

Mit den Worten »Befiehl dem Herrn deinen Weg und hoffe auf ihn!« geleitete ich den Mannefriedrich zum Hinrichtungsstuhle, auf den er mit seinem gewohnt hastigen Schritte zuging. Beim Niedersetzen überblickte er die Menge der Menschen und erkannte über sie hinaus am Horizonte die Berge des Odenwaldes in der Gegend von Weinheim. Da sah er mich mit kläglicher Miene an und sagte: »Ach Gott, da drunten liegt ja Hemsbach!«

Während ihm nun von den Henkersknechten das rote Bluttuch um den Hals gelegt und im Nacken das Haupthaar geschoren wurde, stand ich neben ihm und sprach mit lauter Stimme ein letztes Gebet, welches er vernehmlich Wort für Wort wiederholte. Anschließend wurde Mannefriedrich an den Hinrichtungsstuhl gefesselt. Beim Verbinden der Augen sagte er: »Gute Nacht, du erbärmliche Welt, mit dir habe ich nichts mehr zu schaffen.«

Als ihm aber später die Binde noch einmal abgenommen werden musste, seufzte er: »Muss ich dich denn noch einmal sehen, du schlimme, du elende Welt?«

Tiefe Stille ruhte auf der Versammlung. Einige grausige Sekunden verrauschten im Strome der Zeit. Mannefriedrich begann mit steigender Stimme noch einmal zu beten, der Stadtdirektor gab einen Wink, das Schwert

Eine Hinrichtung im Großherzogtum Baden. 1820
wird in Mannheim Karl Ludwig Sand, der Mörder des
Dichters Kotzebue, enthauptet. Ähnlich dürfte auch das
Heidelberger Blutgericht ausgesehen haben.

blitzte in der Sonne und mit den Worten »Herr Jesu, dir
leb ich...« fiel der Kopf und hoch sprudelte das Blut auf.
Seine lächelnde Miene war auch im Tode nicht verändert.
Der enthauptete Körper wurde sogleich durch die bereits
erwähnte Falltüre in den unter dem Schafott zu diesem
Endzwecke befindlichen Raum geschafft, die blutige
Stätte mit Sand bestreut und die Fortsetzung der Exeku-
tionen vorbereitet.

Nachspiel

Auf der Rückfahrt zum Rathaus ließ Stadtdirektor Dr. Pfister die Kutsche am Mannheimer Tore noch einmal anhalten.

»Ich möchte Ihnen gern das Gefängnis zeigen, in welchem die Hingerichteten ihre letzten Tage und Stunden verbracht haben.«

Nachdem der Stadtdirektor mit seinen Gästen die Treppen im Tore hinaufgestiegen war, traten sie in das Besprechungszimmer und Richter Brill wischte sich mit einem Taschentuch die Schweißperlen von der Stirn. Es war heiß und schwül geworden, ein mittägliches Gewitter lag drohend in der Luft. Die Wärtersfrau mit ihrem kleinen Kind am Rocke eilte hinzu, um dem unerwarteten Besuch einen Teller Kirschen zur Erfrischung zu reichen.

»Wir werden dir bald einen neuen Spielgefährten besorgen«, schmunzelte der Stadtdirektor und beugte sich zu dem kleinen Markus hinab. »Es gibt ja noch so viele Räuber!«

Sie setzten sich, nahmen einige Kirschen und Richter Brill sagte: »Ich gebe mich geschlagen, Pfister. Sie haben sich Ihren Wieslocher Wein redlich verdient. Sie haben mir eindrucksvoll demonstriert, dass die moderne Staatskunst selbst den gemeinen Pöbel in die Knie zu zwingen vermag!«

»Das habe ich bei den alten Griechen gelernt!« Der Stadtdirektor lächelte geschmeichelt. »Furcht und Mitleid – Sie verstehen?«

»Fürwahr eine Tragödie, wie man sie nicht einmal auf dem Theater erlebt«, bestätigte Kreisdirektor von Manger.

»Ja. Auch die Kirschen sind heuer ausgezeichnet!«, lobte der Peinliche Richter und spuckte einen Kern in die hohle

Das Mannheimer Tor, das Gefängnis der »evangelischen Raubmörder«

Faust. Die Wärtersfrau errötete. »Sie kommen aus dem eigenen Garten, Herr Rat. Ach Gott, meinen Räubern haben sie ja auch so gut geschmeckt!« Sie erschrak plötzlich, wandte sich um und verbarg ihr Gesicht in der Schürze.

»Kommen Sie einmal, Brill, was wir in Mannefriedrichs Zelle entdeckt haben! Unser Märchenerzähler hat sich kurz vor seinem Tode sogar noch in die Dichtersphäre emporgeschwungen.« Der Stadtdirektor erhob sich und führte seine Gäste ein enges, schmales Treppchen zu den Gefängniszellen hinunter. Langsam schob er die schwere, eisenbeschlagene Türe auf, ließ sich von seinem Sekretär eine Kerze reichen und leuchtete in den dunklen Raum hinein. Hier die Wand, schauen Sie! Die poetischen Werke letzter Hand! Lieder und Gedichte eines verkannten Genies – alles in Frakturbuchstaben in die Kerkerwand geritzt.«

164

Richter Brill und Direktor von Manger traten näher und betrachteten die Zeichnungen und Schriftzeichen, mit denen Mannefriedrich seine Zelle ausgeschmückt hatte. Der Peinliche Richter aus Darmstadt nahm sein Lorgnon aus dem Etui und entzifferte:

Die Armut, die war freilich schuld,
Weil man sie nicht mehr hat geduld't,
Die großen Herrn sind schuld daran,
Dass mancher tut, was er sonst nicht getan.

»Munzinger, wir sollten das alles abschreiben lassen«, wandte sich der Heidelberger Stadtdirektor an seinen Sekretär. »Nicht weil diese Lieder irgendeinen dichterischen Wert hätten aber als eine Art Seelenkunde des Verbrechens, um der Nachwelt zu überliefern, welch wirre und widersprüchliche Gefühle hier in der Brust eines Raubmörders zusammentrafen!«

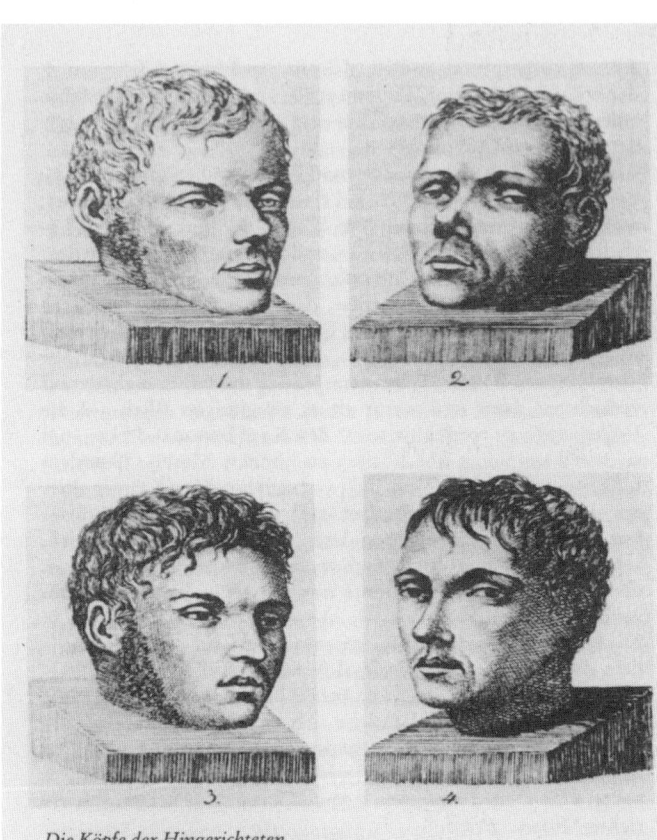

Die Köpfe der Hingerichteten
1. Mannefriedrich, 2. Hölzerlips, 3. Krämer Mathes (Österlein),
4. Veit Krämer

166

Abschiedslied

Nun hör, mein lieb' Cathrinchen:
Es kommt nun bald die Zeit,
Die dich, mein schönes Blümchen,
Von mir in Tränen scheid't.
Denk an die früheren Zeiten,
Die ich schon oft bedacht,
Die wir in Freud' und Leiden
Oft haben zugebracht!

Viel Seufzer tu ich schicken
Zu dir, geliebtes Kind!
Könnt'st du sie nur erblicken,
So wär dein Herz entzünd't.
Oft fühl in deinen Armen
Ich in dem Traume mich,
Empfinde dein Erbarmen
Und glaub: Du tröstest mich.

Drum schlag, mein liebes Weibchen,
Die Trauer aus dem Sinn,
Und denk in größter Freude,
Dass ich gefangen bin!

Das Herz möcht mir zerbrechen,
Ja, das muss ich gestehn,
Weil ich dich nicht darf sprechen,
Dich nicht einmal darf sehn.
Auch unsre armen Kinder,
Die unverständig sein,
Denn sie sind noch Unmünder,
Sind schon in dieser Pein.

Die Freude ist verschwunden
In dieser Zeitlichkeit.
Bald schlägt die Trauerstunde,
Die uns hienieden scheid't.
Nur Gott kann uns jetzt helfen,
Sonst bleibet uns kein Freund,
Was fragt man nach den Wölfen,
Wenn seine Hilf erscheint!

Drum schlag, mein liebes Weibchen,
Die Trauer aus dem Sinn,
Und denk in größter Freude,
Dass ich gefangen bin!

Wer von den hiesigen Einwohnern Willens ist,
zu künftiger Unterstützung der Weiber und Kinder Mannefriederichs und Veit Krämers einen
milden Beytrag zu liefern, beliebe solchen an
Herrn Oberburgermeister Mays oder Herrn Bur-
germeister Walz abzugeben. Für die richtige und
zweckmäßige Verwendung haftet der Unterzeich-
nete. Heidelberg den 28. Juli 1812.
Der Großherzogliche Stadtdirector
Pfister.

Warnung
(Vorwort der ersten Ausgabe 1978)

Der Autor hat geklaut. Ich will es offen gestehen, bevor mir einer auf die Schliche kommt. Ich habe geklaut wie ein Räuber. Aus alten Akten und Büchern, aus den Berichten des Heidelberger Stadtdirektors Pfister, aus Aufzeichnungen der Stadtpfarrer, aus Geschichtsbüchern und Nachschlagewerken. Denn woher sollte ich sonst von dem Räuber Mannefriedrich und seinen Gefährten wissen? Die Geschichte liegt weit zurück, hat sich bereits zu Anfang des vorletzten Jahrhunderts, um 1811/12 abgespielt.

Da ich möglichst genau sein wollte, habe ich möglichst viel »mitgehen« lassen. Allerdings nicht alles, denn auch Räuber pflegen auszuwählen und nicht jeden Ramsch zu nehmen. Meine Arbeit war es vor allem, den Staub abzupusten, aus den vergilbten Büchern und Protokollen die wichtigsten und interessantesten Informationen herauszulesen, die vielen, oft widersprüchlichen Aussagen, Berichte und Erinnerungen in einer romanhaften Handlung zusammenzuraffen und zu verpacken, dass es den Leser reizt, erneut auszupacken, selbst zu entwickeln und zu entdecken, was meine Beute war.

Natürlich hätte ich – statt zu klauen – auch einen eigenen Roman erfinden können. Aber Phantasie-Räuber gibt es mehr als genug, vom Rinaldo Rinaldini bis zum Hotzenplotz, vom Macky Messer bis zur Panzerknacker-Bande – von den wirklichen Räubern um die Wende des 18./19. Jahrhunderts hingegen weiß man nur wenig. Und da über den Mannefriedrich und die Hölzerlipsbande ein außergewöhnlich reiches Quellenmaterial vorliegt, musste ich einfach zugreifen.

Ob ich bei der Wahrheit geblieben bin? Das ist ein ewiges Problem. Die Wahrheit, die historische Wirklichkeit. Von oben sieht bekanntermaßen alles ein wenig anders aus als von unten. Und jedes Ding hat ja mindestens drei Seiten. Meine Gewährsleute, Stadtpfarrer Dittenberger und Stadtdirektor Pfister, hatten selbstverständlich einen völlig anderen Blickwinkel als die Räuber. Das liegt schon am Beruf. Inwieweit diese beiden Kronzeugen unserer Geschichte etwas vertuscht, verschwiegen oder dazu erfunden haben, ist schwer abzuschätzen. Als Vertreter des gebildeten Bürgertums ihrer Zeit waren sie von bestimmten Interessen und Vorurteilen abhängig. Genau wie wir heute – aber da wir Abstand zum 19. Jahrhundert haben, können wir vielleicht ein wenig sachlicher sein als die damals direkt Betroffenen. Hoffe ich.

Wie sich die Räuber und Vaganten, die Fahrenden, dagegen selber gesehen und verstanden haben, davon ist in den historischen Quellen zumeist nur am Rande etwas zu erfahren. Kein Wunder – die meisten von ihnen hatten ja weder lesen noch schreiben gelernt.

Mannefriedrich war eine der seltenen Ausnahmen, ein Räuber, der sich auch schriftlich zur Wehr setzen konnte:

»Die Armut, die war freilich schuld,
Weil man sie nicht mehr hat geduld't.
Die großen Herrn sind schuld daran,
Dass mancher tut, was er sonst nicht getan.«

Die Vaganten waren eine Randgruppe, die Außenseiter der Gesellschaft. In den deutschen Staaten lebten in der Zeit um 1800 zwischen 10 und 15 Prozent der Bevölkerung ohne festen Wohnsitz: Hausierer, Bettler, Schausteller, Deserteure, Krüppel, Tagelöhner, Arbeitslose, »Zigeuner« und Gauner. In der starren, ständisch geglie-

170

derten Gesellschaftsordnung ihrer Zeit hatten sie kaum eine ehrliche Chance, nach oben zu kommen.

Unten, auf der Straße, aber war man schnell: durch die zahllosen Kriege, Missernten, Seuchen und Epidemien jener Jahre; aber auch durch einen Arbeitsunfall, private Schuld oder Schulden wurde so mancher aus der Bahn geworfen. Eine ganze Armee von Entwurzelten, Entrechteten und Obdachlosen zog damals über die deutschen Landstraßen. Eine nennenswerte Industrie mit Fabrikanlagen und Arbeitsplätzen aber gab es noch nicht. Und auch keine Idee, wie man die Vaganten in die Gesellschaft hätte eingliedern können. Man verfolgte sie lieber, sperrte sie ein. Die Vaganten galten vielerorts als vogelfrei und wurden wie Verbrecher behandelt. Auch wenn sie (noch) gar nichts getan hatten ...

Wenn wir diese Zeit von 1789 bis 1815, zwischen Französischer Revolution und Wiener Kongress, genauer unter die Lupe nehmen, so stellt sich bald heraus, dass an der viel beschworenen »guten alten« Zeit, an der Postkutschen- und Kerzenleuchteridylle in Wirklichkeit nicht so viel Gutes dran war. Es war vielmehr eine Zeit des gesellschaftlichen und geistigen Umbruchs, der politischen Unruhe, zahlloser Kriege und wirtschaftlicher Not. Das alte feudale Wirtschaftssystem in Mitteleuropa, in dem nur der Adel weitgehende Rechte besaß, hatte sich selbst überlebt und war keineswegs mehr in der Lage, alle Menschen hinreichend mit Arbeit und Brot zu versorgen. Die industrielle Revolution war zwar schon in einigen Ländern, vor allem in England, weit vorangeschritten, machte aber vor den Wachthäuschen und Zollschranken der deutschen Kleinstaaten Halt. Hier wurde noch immer wie einst im Mittelalter gewirtschaftet: Ackerbau, Viehzucht und ein bisschen Handwerk in den Städten. Handel und Großindustrie aber hatten kaum Chancen in einem Vielländerland, in dem sich jeder kleine Fürst seine eigenen Münzen prägen ließ und in dem das Geld noch immer per Postkutsche auf miserablen Landstraßen spazierengefahren (und auch geraubt) wurde. Der wirtschaftliche und soziale Fortschritt, der Kampf um menschlichere Lebensbedingungen, für republikanische Freiheiten und Bürgerrechte waren also überfällig. Vor allem in den deutschen Staaten. Deutschland nämlich war – politisch jedenfalls – noch lange nicht erfunden. Linksrheinisch lebte man (z.B. in Cologne und Mayence = Köln und Mainz) unter einer modernen französischen Verwaltung, rechtsrheinisch gab es dagegen bis zum Jahre 1803 insgesamt 314 deutsche Klein- und Kleckerstaaten. Bis Napoleon groß aufräumte – da waren's plötzlich nur noch 34 deutsche Staaten und Regierungen. Wenn man von dieser Epoche spricht, könnte man natürlich auch vom Zeitalter Goethes, Schillers und Beethovens, von Klassik, Romantik und Empire – oder kurz und knapp von der Ära Napoleons sprechen. Ebenso gut aber könnte man diese Jahrzehnte auch RÄUBERZEIT nennen, denn damals wurde – nicht nur von Kaisern, Königen und Feldherrn – so rücksichtslos wie selten überfallen, geraubt, geplündert und gemordet. Neben den mehr oder weniger ruhmreichen Armeen gab es zahlreiche Räuberhauptleute wie Schinderhannes oder Fetzer, die auf eigene Faust, ohne Rechtsgründe, Befehle oder Uniformen ihre privaten Feldzüge unternahmen. Nicht ohne Risiko.

Auch Strafverfolgung und Rechtsprechung wurden noch weitgehend nach schlechtem altem Brauch praktiziert. Mit Vaganten, Gaunern und Verbrechern wurde nicht viel Federlesens gemacht: Wer nicht freiwillig gestehen wollte, wurde eben so lange gefoltert, geprügelt, gestreckt, gebrandmarkt, verstümmelt, bis ...

»Kurzer Prozess« also und lieber ein unschuldiger Vagant mehr als überhaupt keiner am Galgen. Polizeigewalt, Anklage und Urteil lagen nicht selten bei ein und derselben Person – Verteidiger wurden für überflüssig gehalten. Allerdings arbeitete man in einigen weniger rückständigen deutschen Staaten – z.B. im Großherzogtum Baden, wo unsere Geschichte spielt – bereits an einer umfassenden Reform des Justiz- und Polizeiwesens. Hinrichtungen aber wurden auch hier noch immer wie Volksfeste gefeiert. Die moderne französische Tötungsmaschine, die Guillotine, stand in Konkurrenz zu altdeutscher Handarbeit per Henkersbeil oder Schwert.

So viel zur großen Geschichte, in der sich unsere Geschichte vom Mannefriedrich und der Hölzerlipsbande abgespielt hat.

Ich glaube, dass man der Wirklichkeit von damals nur dann wirklich näherkommen kann, wenn man sie nicht nur von den Großen und Mächtigen, sondern auch von unten her, von den Ohnmächtigen und Kleingehaltenen, betrachtet. Deshalb finde ich die Geschichte von Mannefriedrich, Hölzerlips und ihren Raubgenossen erzählenswert und habe trotz aller historischen Klauerei das beste Gewissen.

Ein wenig Wahrheit und etwas mehr Wirklichkeit, das wäre schon eine gute Ausbeute.

Vor rund 200 Jahren hat das Großherzoglich Badische Oberhofgericht sein Urteil über Mannefriedrich und seine Raubgenossen gesprochen – wie würde man heute entscheiden? Wie müsste unser Urteil aussehen? Unser Urteil über die Räuber – aber auch unser Urteil über eine Gesellschaft, die zwar hart zu strafen, aber damit kaum etwas zu verbessern vermochte?

Und schließlich:

Sollen wir die Richter völlig ungeschoren davonkommen lassen? Oder die Stadtdirektoren und Pfarrer?

Auch ich erwarte natürlich mein Urteil: als Autor und historischer Geschichtenschnorrer und bitte meine Leser schon einmal vorsorglich um Gnade.

Michail Krausnick

JENISCHE LIEDER
oder:
ein Räuberdichter der Heidelberger Romantik

Neben den zitierten hochdeutschen Liedern des Mannefriedrich (Lied vom Hemsbacher Raub, Kartenspiellied
vom Schwarzen Peter und dem Abschiedslied) hat der
untersuchende Richter Dr. Ludwig Pfister für die Akten
des Gerichts und seine Aktenmäßige Geschichte der Räuberbanden noch eine Reihe von rotwelschen Liedern abschreiben lassen, die auf der Landstraße gesungen wurden. Philipp Friedrich Schütz hat seine Gefängniszelle
mit Bildmotiven aus der Bibel ausgemalt und dazu die
Lieder in Frakturbuchstaben auf die Kerkerwand ge-
zeichnet. Ob sie allesamt vom Mannefriedrich stammen,
ist nicht verbürgt, auch wenn einige Verse oder Zeilen in
seinem Ton gehalten sind. Andere scheinen ältere Volks-
und Vagantenlieder zu sein, die in immer neuen Varia-
tionen weiterentwickelt, gesungen und somit überliefert
wurden, auch vom Mannefriedrich und den Musikanten
aus seinem Umfeld. Dem rührigen Heidelberger Untersuchungsrichter verdanken wir diese Ergänzung zu des
Knaben Wunderhorn.
Vom Mannefriedrich wissen wir, dass er als Sänger und
Märchenerzähler auf Jahrmärkten und Kirchweihfesten
auftrat und den Kirchenliedton beherrschte.
Im Mannheimer Zuchthaus, dem »Hoorige Ranze«,
waren mit Hölzerlips, Mannefriedrich u. a. zeitweise 90
verdächtige Gefangene untergebracht. In einer großen
Massenzelle warteten die Vaganten mit Frauen und Kindern auf die Verhöre. Dort soll das weltweit bekannte
Kartenspiel »SCHWARZER PETER« und das Karten-
spiellied entstanden sein, aber auch das Klagelied über

die magere Kittchen-Kost. Den rotwelschen Liedtexten, die der Leser sich mit Hilfe des kleinen Wörterbuchs übersetzen kann, gegenübergestellt finden sich Nachdichtungen aus dem Theaterstück »Beruf: Räuber«, die von Wolf Brannasky vertont wurden.

Stichwort: Rotwelsch »Rot« als Bezeichnung für betrügend herumziehende Berufsbettler war schon um 1250 bekannt. Als »welsch« galten nicht nur romanische Sprachen, sondern jede nicht verständliche Redeweise. Siegmund A. Wolf erläutert: »Das Rotwelsch« ist eine Schöpfung der mittelalterlichen Landstraßen als dem einzigen Zuhause der großen Gemeinschaft aller durch Gesetz und ständische Ordnung von bürgerlichem Stadtleben oder ländlicher Seßhaftigkeit Ausgeschlossenen: der fahrenden Leute und der Unehrlichen (Schinder, Gaukler usw.). Der Rotwelsch-Forscher Bischoff hat das Rotwelsch einmal als die »Klassensprache des fünften Standes« bezeichnet.

Bollerbayes-Schal
oder: Zuchthaus-Lied

Mit der ganzen Schaulemachei
aus Bredill, – doch mehr aus Blei,
mußten Prozelsupp wir essen;
den Schuftig werden wir nicht vergessen

Denn auf Schuftig und Prozelsuppen
b'stiebt man den Husten und den Schnuppen;
doch selbst diese lau allein,
man bestiebt auch Lilles-Pein.

Auch Lohwling gehören zu diesem Achill,
man funkt sie oft und bringt uns viel,
doch ist kein Sprankert und Kemme drin,
da verliert man sein Seggel und heh Sinn.

Die Fizling, die noch das toffste seyn,
die bleiben ganz im Lilles drein;
die Krächling können sie lau kauen,
drum kann sie der Lilles lau verdauen.

Still wollen wir von den Rillger seyn,
was tof sie macht, kommt lau hinein,
denn sie sind erstens nie gelesen
und zweytens niemals gar gewesen. (...)

Nun holcht auch das lohwne Kraut
und schranzt: ich bin die Jungfer Braut;
von außen scheft' ich stets sehr rein,
doch innen scheften Raupen drein.

Oi Schmayes! bald hätt ich vergessen,
das Tukleschoch, das toffe Essen:
das scheft ein Piken für 'nen Ruoch,
wir aber habens längst genug.

Das Mass passirt so insgeheim,
nur sollt's all' Schwuh so einmal seyn;
und jeder Finn sollt seyn so groß,
als wie der dickste Hefenklos.

Doch wenn's zur Mittjamms-Schih will geh'n,
wir all schon am Kahlaumuß steh'n,
buttlakig rojnend nach dem Essen;
aus Mooren: man hätt uns vergessen.

Und nun hat auch das Schal ein End;
ergreift die Schnäbel mit den Händ',
und jeder rojne tof sich für,
daß keinen Fünnen er verlier'.

Ballerbayes-Schall

Als ich mal in Mannheim saß,
im Kittchen gab's 'nen Schweinefraß,
musste Brutzelsupp' ich essen
und den Brei – nicht zu vergessen.
Denn von Brei und Brutzelsuppen
kriegt man Husten, kriegt man Schnuppen
Aber nicht nur dies allein –
man bekommt auch Magenpein.
Weiße Rüben kocht man viel,
einen Fraß den keiner will,
weder Salz noch Butter drin –
da verliert man Kopf und Sinn

Die Bohnen, die das toffste sein
die kommen ganz zum Magen drein.
Mit Zähnen kann man sie nicht zerbeißen
mein Gott, wie muss man darauf schei …

Oi Schmayes! Fast hätt ich vergessen
das Sauerkraut, das toffe Essen
Für Bauersleut' ein leckrer Schmaus
uns aber hängt's zum Hals heraus!

Danach kommt jetzt das weiße Kraut
und schranzt: ich bin die Jungfer Braut
Von außen bin ich stets sehr rein
doch innen drin die Raupen sein!

Das Fleisch, das ist so gut versteckt,
dass man nur selten es entdeckt.
Oh, wär' doch jedes Stück so groß
als wie der dickste Hefekloß!

Doch soll's zur Mittagsstunde gehn,
wir alle schon am Gitter stehn
und gieren hungrig nach dem Essen –
aus Sorge: man hätt' uns vergessen!

Jetzt aber hat dies Lied ein End':
Nehmt eure Löffel in die Händ' –
und sorge jeder gut dafür,
dass keinen Tropfen er verlier'!

Makel-Schal

Nun Mahlen! Mahlen hosper, wohlan!
Ganz schohger hercht die Ratt heran,
wir woll'n auf einen Makel gehen,
mit Dampf und Nähres thut euch versehen.
Kiss und Chlamones nehmt zur Hand,
denn schofle Schilde sind mir bekannt.

Dolet Scheh haben wir, das ist nicht weit;
doch loget zu, ihr toffe Leut!
Kein Jahr ist da, nur flach Elfeld,
kein kochem Bayes, das uns erhält;
dann rojnt der Jamm, bald ist er da;
ein Schärfenspieler ist lau nah.

Das kochemer Hayes ist betrübt;
man wird von keine Jent geliebt.
So mancher latgent nur aus Noth
und stuttert so sein Thränenbrod,
ohn' daß das Ganfen ihm gefällt;
die Armuth thut viel auf der Welt.

Und bestiebt man auch ein Ohlem Sohren,
so plagen einem auch kohdlere Mohren;
die Gojen und alles rufen: Schmajes!
Man muß ins Jahr, darf nicht ins Bayes;
drum, Brißge, schall ich zum Beschluß:
Weh dem, der kochem leben muß.

Makel-Schall (Kleiderklau-Lied)

Nun, Kameraden, wohlauf, wohlan!
Ganz dunkel schleicht die Nacht sich an.
Wir wollen Kleider klauen gehn
Mit Licht und Schwefel gut versehn.
Säcke und Brecheisen nehmt zur Hand
Denn gute Beute ist mir bekannt ...

Vier Stunden gehn wir, das ist nicht weit.
Aber hört zu, ihr guten Leut':
Wald gibt es nicht, nur flaches Feld,
Und kein Versteck, das uns erhält.
Schnell kommt der Tag, schnell wird es Zeit,
Aber kein Hehler weit und breit ...

Das Räuber-Leben ist betrübt:
Weil's keinen giebt, der unsereins liebt.
So mancher stiehlt ja nur aus Not
Und fristet so sein Tränenbrot,
Ohn dass das Rauben ihm gefällt –
Die Armut tut viel auf der Welt.

Und macht man mal 'ne große Sach'
Die schlimmste Angst, die kommt hernach.
Die Bauern und Bürger rufen: Hinaus!
Raus aus dem Wald und raus aus dem Haus!
Drum, Bruder, sing ich zum Beschluss:
Weh dem, der draußen leben muss!

Chassne-Schal
Lied beim Raubüberfall mit dem Rennbaum

Scholem-Leegem Kameraden!
bald wird man zur Chassne laden,
was dazu bestimmt wird seyn.
Auch aus Norden, Süd und Weste
werden sich verschiedne Gäste
ganz in steegum finden ein.

D'schofle Freier werden stehen
und durch Perspective sehen,
wie's bei Chassnen der Gebrauch;
dann die ganze Chawwerusch wird lachen,
wird ein kohdel Rachmones machen.
doch giebt's die wienägeln auch.

Selbst den Bing mit seinen Rotten
lässt man flohnern – lässt man spotten ...
was fragt man nach schoflem Feind?
Er kann uns in allen Fällen
nie ein Netz zum Zoro stellen,
denn wir haben Gott zum Freund!

Log' Kammerusch! was ich werd' sagen:
schickt Gott schweres Kreuz zu tragen,
nimmt man's doch geduldig an.
Denn der's schickt, der kann's auch nehmen,
alles steht in seinen Fehmen;
was er thut, ist tof gethan!

Sollt man auch aus der Ohlen schreiten,
schmußen alle wir: Mit Freuden
kohdler Melach, es gescheh!
Wir befehlen, wann wir enden,
unsre Nephesch deinen Händen;
lassen's hergen, wie es geh.

Hergnen wir hinauf zum Himmel,
schranzen wir dem Weltgetümmel
eine schnöde gajo Ratt;
ruhen dann in Himmelsfreuden
aus von all den kohdlen Leiden,
die man unterkönng' nur hat.

Chassne-Schall

Friede mit Euch, Kameraden,
Bald wird man zum Raubzug laden
Alle, die man brauchen kann.
Auch aus Norden, Süd' und Westen
Kommen noch verschied'ne Gäste
Ganz im Stillen mit sodann.

Übeltäter werden stehen
Und durch Perspektive sehen
Wie's beim Einbrechen der Brauch.
Plötzlich wird die Bande lachen,
Jubeln und Getöse machen
Tränen – freilich – gibt es auch ...

Tod und Teufel, wir verspotten,
Alle Henker, alle Rotten,
Was schert uns der schlimme Feind?
Er kann uns in allen Fällen
Niemals ein Falle stellen –
Denn wir haben Gott zum Freund.

Kamerad, das will ich sagen:
Schickt Gott schweres Leid zu tragen,
Nehmen wir's geduldig an.
Denn der's schickt, der kann's auch wenden,
Alles liegt in seinen Händen –
Was Er tut, ist wohlgetan!

Müssen aus der Welt wir scheiden,
Rufen alle wir: mit Freuden,
Lieber Herrgott, soll's geschehn.
Denn es kann nur besser werden
Als im Jammertal, auf Erden –
Droben wird es besser gehn …

Kommen wir hinauf zum Himmel,
Wünschen wir dem Weltgetümmel
Eine schnöde gute Nacht!
Ruhn uns dann in Himmelsfreuden
Aus von all den großen Leiden,
Die man nur auf Erden hat …

Schmußerey zwischen einem Gallach und einem Strahlenkehrer (Puppenspiel)

Es hergt' ein Kochemer auf der Straße
ganz stolz einher und aufgeblasen:
da rojnt er so in seinem Gehen
von Ferne einen Menschen stehen,
und holchte eiligst auf ihn zu,
laschorte: Ohef, wer scheft'st du?

Gallach: Mein Freund, ich scheft' ein Seelenhirt!
Strahlenkehrer: Ha! ha! so hab ich mich geirrt,
weil ihr scheft schohger, glaubte ich,
's naht einer von meiner Chawwer sich.
Gallach: Ihr aber scheft auch kein Pastor, s
onst käm euer Kohl viel anders vor.

Der Ganf, der sich nicht lang bedacht,
der schranzt: Ich predig' bey der Nacht,
wann alles jost't in steeg'ner Ruh;
zwar loget mir dann Niemand zu;
doch glaubt, Herr Gallach: Freund und Feind
oft über meinen Seggel weint.

Gallach: Ja so, Ohef, nun merk ich wohl,
was euer Mettier bedeuten soll;
ich rojn', ihr scheft ein solcher Mann,
der von der Schrift sehr wenig kann;
ich rath': laßt dieses Hayes seyn,
es führt zu Jammer, Angst und Pein.

Der Kochemer schranzt' mit viel Verstand:
Man duldet mich in keinem Land;
selbst Bettler niescht man zu vertreiben,
der Handelsmann darf nirgends bleiben;
mit Schläg vertrieben sucht im Wald
beym Wildpret er sich Aufenthalt.

Gallach:
Dächt' jeder dran, was Christus spricht:
der bowern Jent vergesset nicht!
so würde man davon nichts wissen,
daß ihr aus Noth habt schornen müssen.
Drum wehe dem, der daran schuld,
daß man die bowern Jent nicht duld't.

Lied zwischen Pfarrer und Räuber

Es ging ein Räuber auf der Straßen
ganz stolz einher und aufgeblasen,
da sah er so in seinem Gehen
von ferne einen Menschen stehen.
Er eilte schnellstens auf ihn zu
und fragte: »Freund, wer bist denn du?«

»Mein Freund, ich bin ein Seelenhirt.«
»Haha dann hab' ich mich geirrt.
Weil ihr so schwarz seid, glaubte ich,
s' naht wer von meiner Bande sich.«
»Und ihr seid sicher kein Pastor,
sonst stelltet ihr euch anders vor.«

Der Gauner sich nicht lang bedacht
und sagt : »Ich predig' in der Nacht,
wenn alles schläft in stiller Ruh',
zwar höret mir dann niemand zu,
doch glaubt, Herr Pfarrer Freund und Feind
oft über meine Predigt weint!«

»Ja so, mein Freund, jetzt merk' ich wohl,
was eure Red' bedeuten soll.
Ich seh', ihr seid ein solcher Mann,
der von der Schrift sehr wenig kann.
Ich rat': lasst dieses Leben sein –
es führt zu Jammer, Angst und Pein.«

Der Kochemer schranzt mit viel Verstand.
»Man duldet mich in keinem Land,
selbst Bettler sucht man zu vertreiben,
Hausierer dürfen nirgends bleiben.
mit Schläg' vertrieben such' im Wald
beim Wildbret ich mir Aufenthalt ...«

»Dächt' jeder dran, was Christus spricht:
die armen Leut' vergesset nicht!
So würde man davon nichts wissen,
dass unsereins hat stehlen müssen.
Drum wehe dem, der daran schuld,
dass man die armen Leut' nicht duld't.«

Lieder aus dem Theaterstück »Beruf: Räuber«

in Kochemer Manier überarbeitet und zuge-
spitzt (Kochemer Schall)

Das Lied vom Himmelreich

Genossen, sagt, was besser ist
Als wenn wir uns vergnügen?
Man trinkt, man singt, man tanzt und küsst,
Kann bei der Liebsten liegen ...
So können wir zur Sommerszeit
Ein freies Leben führen,
Im Walde und auf grüner Heid'
Wie Könige logieren ...

Geht's aber auf den Winter zu
Dann endet unsre Freude,
Dann lässt man nirgends uns in Ruh,
Dann sind wir arme Leute ...
Man duldet uns in keinem Haus,
Wir müssen weiter wandern,
Man jagt uns überall hinaus
Von einem Ort zum andern ...

Doch gibt's ein wunderschönes Land,
hör ich die Pfaffen sagen,
Da ist der Hunger nicht bekannt,
Da füllt sich unser Magen.
Ein Land, wo ewig Sommer ist,
Nur Wonne und Vergnügen,
Man trinkt, man singt, man tanzt und küsst,
Kann bei der Liebsten liegen.

Da gibt es weder Arm noch Reich
Und keinerlei Beschwerden.
In diesem Land sind alle gleich –
Doch liegt es nicht auf Erden.
Komm ich in dieses Himmelreich –
Will ich den Herrgott drängen,
Die reichen Leute einzusperrn,
Die Fürsten aufzuhängen.

Nur so kann, lieber Gott, dein Reich
Auch ein gerechtes werden –
Am liebsten aber möcht' ich's gleich
Am besten hier auf Erden!
Als auch auf Erden, lieber Gott,
Du wirst beim Wort genommen:
Dein Will' geschehe, Täglich Brot –
Zu uns Dein Reich soll kommen!

Lied von den Vaganten

Kesselflicker, Musikanten,
Scherenschleifer, Komödianten,
Taschenspieler, Maulwurfsfänger,
Säufer, Huren, Bänkelsänger –
Alle trifft man auf der Straß'
ohne Arbeit, Brot und Pass.

Löffelschnitzer, Besenbinder,
Krüppel, Greise, Bettelkinder,
arme Juden und Zigeuner,
Kammerjäger, Dirnen, Streuner –
fängt man ein und jagt man fort,
heute hier und morgen dort.

Kartenleger, Branntweinsäufer,
Porzellan – und Knopfverkäufer,
Deserteure, Bärenführer,
Körbeflechter und Hausierer –
Alle trifft man auf der Straß'
ohne Arbeit, Brot und Pass.
Arbeitslose, Feldarbeiter,
und so weiter, und so weiter –
Aber niemals trifft man an
Kaiser, König, Edelmann ...
auf der Straße, auf der Straß'
ohne Arbeit, Brot und Pass.

Arbeitslose, Feldarbeiter,
und so weiter, und so weiter,
aber niemals trifft man an
Bürgersleut' und Handelsmann,
die Beamten und Minister –
und schon gar nicht Doktor Pfister ...

Das Fürchtelied

Hört mal zu, ihr lieben Leut',
Alle, die ihr kochem seid ...
Doch die Pfaffen, Spießer, Bauern
Solln erschrecken, zittern, schauern ...
Huhuhu ...

Bricht die dunkle Nacht heran,
Kommt zu euch der Räubersmann.
Alle schlafen wie die Ratten,
Jetzt beginnt die Massematten ...
In dem Dorf, das schönste Haus,
Sucht er sich zum Angriff aus.

Holt die Schätze von den Reichen,
um die Armut auszugleichen ...
Hahaha ...

Kommt er in das Haus herein,
Packt sich nur das Beste ein,
Eh' er in den Keller gehet,
Wo der Wein und 's Essen stehet ...
Koffer, Kisten aufgestemmt,
Gold und Silber, Seidenhemd,
Alle Schätze in die Kissen,
Fortgebuckelt durch die Wiesen ...
Hihihi ...

Wenn die Sonn am Himmel steht
Und der Bauer schaffen geht,
Sieht er ihn mit Mißvergnügen
Froh bei seiner Schickse liegen ...
Doch der Räuber auf der Stell'
Macht sich aus dem Staube schnell.
Lässt ihn stehn wie einen Affen
Und nach seinem Arsche gaffen ...
Hahaha. Hohuhe ...

Aber, weh', ihr Leut', ich sehe
Räuber auch in eurer Nähe.
Doch da weiß ich eine List:
Wenn die Not gelindert ist –
Hat er Essen, Kleider, Schuhe
Lässt der Räuber euch in Ruhe.
Deshalb bitte eine Spende!
Macht der Schlechtigkeit ein Ende!
Hahaha.
Hihihi.
Hohoho.

Rotwelsch-Glossar

Rotwelsch, auch Jenisch oder Gaunersprache genannt, war die Geheimsprache der Fahrenden, der Bettler, Hausierer, Diebe und Räuber, die sich damit vor den Sesshaften und der Obrigkeit tarnten. Zugleich signalisierte diese Sprache aber auch die Solidarität und das Gemeinschaftsgefühl unter den Fahrenden. Wer Rotwelsch sprach, zeigte damit, dass er kundig und kochem, dass er vertrauenswürdig war.

Auch in der Schule, der Penne oder dem Schallerkasten, wird heute noch Rotwelsch gesprochen: *Pennen, petzen, verduften, schuften, schnorren, toff, schwoofen, spachteln, flachsen* und viele andere Wörter haben ihren Ursprung in der Gaunersprache. Das Rotwelsche ist seit etwa 700 Jahren bekannt, wahrscheinlich aber ist es wesentlich älter. Seinen Ursprung hat es vor allem in der Sprache der Juden, dem Jiddisch-Hebräischen, und im Romanes, der Sprache der Roma und Sinti. Dazu kommen viele Dialektwörter. Sprach- und Sprechgerüst blieb aber die deutsche Grammatik – nur die Vokabeln wurden ausgetauscht.

Achill	Essen
baldowern	ausspähen, auskundschaften (im Lied: »verkünden«)
barten	fesseln
Bayes	Haus, Wirtshaus (daher: Beize)
beducht, beduchem	geheim, verschwiegen
beekerisch	krank
bekneißen	begreifen, merken, wissen
beschullmen	bezahlen
bestieben	bekommen

Bing, Bingo	Teufel
Blättling	Linsen
Blatt	Schaufel
blattfüßen	tanzen (vgl. Plattfuß)
Blattfuß	Tanz
Boller-Bayes	Zuchthaus
bower	arm
Bredill	Zinn
Brißge	Bruder
buckeln	tragen
Butt	Hafer
Buttlak	Hunger
buttlakig	hungrig
Chassne	Hochzeit, (aber auch:) Maloche gewaltsamer Einbruch, Sturmangriff mit dem Rennbaum
Chawwer	Diebsgenosse, Kamerad
Chawwerusch	Bande, Gesellschaft
Chlamones	Einbruchswerkzeug
Dalles	Unglück
Dampf	Schwefelfaden
docken	geben, schenken, hauen
Dohles	Arsch
Dullme(n)	Galgen
fetzen	machen, tun
Fleischmann	Polizeispitzel, Verräter
Ficker	Polizist, Gendarm
Finn, Fünn	Stück, Brocken
Fizling	Bohnen
flohnern	lachen
Freier	Mensch (heute Dirnensprache: Bordellbesucher)
funken	kochen
Gahtsche	Bauer
gajo	gut

Gallach	Pfarrer
Ganf, Ganof	Dieb (daher: Ganove)
ganfen	stehlen
Gefahr	Dorf (davon abgeleitet: Kaff)
Gelbling	Hirse
gezuppt	erwischt
Gojim	Nichtjuden (Bauern, Sesshafte)
grandig	groß
Griffling	Finger
Gritschimme	Wirtshaus
handeln	machen, stehlen
halchen	kommen
Hayes	Leben
hergen	laufen, gehen, kommen
herrles	hier
holchen	kommen, gehen
hosper	auf, los
Jahr	Wald
Jamm	Tag
Jent, Jente	Leute
Kaff	Dorf
Kaffer	Bauer, Sesshafter
Kahlaumuß	Fenster
Kammerusch	Kamerad
Kandig, Kantig	Haus
Keinme	Butter, Fett
Kiß	Sack, Beutel
Kittge	Zuchthaus (daher: Kittchen)
Klumnik	gefüllter Sack, Felleisen
kochem	klug, vertrauenswürdig
Kochemer	Vagant, Fahrender, Räuber
Kochemer	Schall rotwelsches Lied, Räuberlied
link	schlecht, falsch
linken	fälschen, täuschen
kneißen	erfahren

Kober	Wirt (gelegentlich: Wirtshaus)
Koberment(e)	schwere Schläge
kochem	gescheit, vertraut, eingeweiht
Kochemer	Gauner, Dieb, Eingeweihter
kohdel	groß
kohdler Melach	Gott (Melach: Kaiser, König)
Kohl	Erzählung (vgl. verkohlen – eine Unwahrheit als wahr verkaufen)
Krächling	Zähne
krauten	flüchten, durchgehen
Kuder	Kind
laschoren	fragen
latgenen	stehlen
lau	nicht, nichts, nein
(b)lau machen	schwänzen (=nichts machen)
Leile	Nacht
Lille	Leib, Magen
linsen	horchen, hören
logen	hören
lohnen	weiß (lohwnes Kraut=Weißkraut)
Lohwling	weiße Rüben
Märtine	Land
Mahlen	Kamerad
Majum	Wasser
Makel	Kleiderdiebstahl
malochen	arbeiten, rauben
Maloche	Arbeit, Überfall
Massel	Glück
Massematten	Handel, hier: Raubzug
Matrellen	Kartoffeln
Mik	Frau
Mikmer	Frauen
Mittjams-Schih	Mittagsruhe
Moos, Mäuse	Geld
Mooren	Furcht

Muß	Frau
Nähres	Licht
Nephesch	Leib
nieschen	suchen
noppeln	beten
Ohef	Freund
Ohlem	Welt
pauken	schlagen
Pauker	Schläger, Lehrer
Penne	Herberge, Gefängnis, Schule
pennen	schlafen
picheln	trinken
spachteln	essen
Strahle, Strade	Straße
Strahle kehren	Straßenraub
Piken	Essen, Speise
Pommhansen	Apfel
Prozelsupp	Einheitsfraß beim Militär
Rachmones	Jubel
Ratt(e)	Nacht
Rillcher	Erbsen
Ringling	Wurst
rojnen	sehen
Ruoch	Bauer
ringeln	tanzen
Schal(l)	Lied
schallern	singen, sprechen
Schallerkasten	Schule (Duftschaller = Lehrer)
Schickse	Mädchen
Schlamassel	Unglück
Schmiere stehen	Wache stehen, aufpassen
schnorren	betteln
schornen	stehlen
schlaunen	schlafen
Schmalfuß	Katze
schmayes	o weh!

Schmunk	Schmalz
schmußen	reden
Schmußerei	Gespräch
Schnabel	Löffel
schofel	schlecht
schohger	schwarz
scholem	Leegem
gesegnetes	Brot! (Gruß)
schornen	stehlen
schranzen	sagen
Schuftig	Kartoffelbrei
Schund	Erde, Schmutz, Dreck
schuppen	stehlen
schwächen	trinken
Seggel	Verstand
Sohre, Schore	Diebsgut, Ware
Sorf	Feuer, Brantwein
Sprankert	Salz
Staubert	Mehl
stegem	heimlich
Strahle	Straße
Strahlenkehrer	Straßenräuber
Stuß	Dummheit
stutteren	suchen
tof, toff	gut, schön
Tschilles	Nacht
T'schore	Diebe
Tukleschoch	Sauerkraut
unterkönng	hier unten
Wesch	Wald
wienägeln	weinen
wittisch	ehrlich, dumm, einfältig
Zikmer	Verräter
Zinken	Nase; geheimes Zeichen
Zoro	Unglück
zuppen	stehlen

Von Gaunerzinken und Fingersprache

Pfeiftöne, Tierschreie, Gestikulation, Grimassen, Klopfzeichen: Wenn es galt, geheime Verständigungsmöglichkeiten zu benutzen, dann waren die Kochemer von großem Erfindungsreichtum. Ein sehr wichtiges Verständigungsmittel war die Fingersprache, das Gekasper mit den Grifflingen. Diese Art der Verständigung hatten die Vaganten den Taubstummen abgeschaut. Auf unserer Bildtafel sieht man das ganze Alphabet.

Schnell wurden mit den Fingern die einzelnen Buchstaben geformt, so konnte man sich unauffällig im Gedränge eines Jahrmarktes unterhalten, wenn es galt, einen Kaufmann auszubaldowern. Der wichtigste Buchstabe aber war das C, das geheime Erkennungszeichen der Cochemer. Saß ein Vagant im Wirtshaus und ein Neuankömmling setzte sich zu ihm an den Tisch, dann formte er unauffällig seine Finger zu einem C. Wenn der andere dieses Zeichen erwiderte, wussten beide, dass man sich gegenseitig vertrauen konnte.

Die Außenseiter der Gesellschaft hatten ein weiteres Verständigungsmittel, das über die Grenzen der deutschsprachigen Länder hinweg gebraucht wurde: die Zinken. Eine ganze Zahl dieser Zinken wird sogar noch heute von Bettlern und Hausierern benutzt. Mit Kreide, Kohle oder Rötel zeichneten und stachen die Kochemer kleine Bildzeichen auf Zäune, Mauern, Wegweiser oder auf die Haustür. Jeder Eingeweihte konnte nun genau erkennen, was ihn in diesem Dorf oder in jenem Haus erwartete.

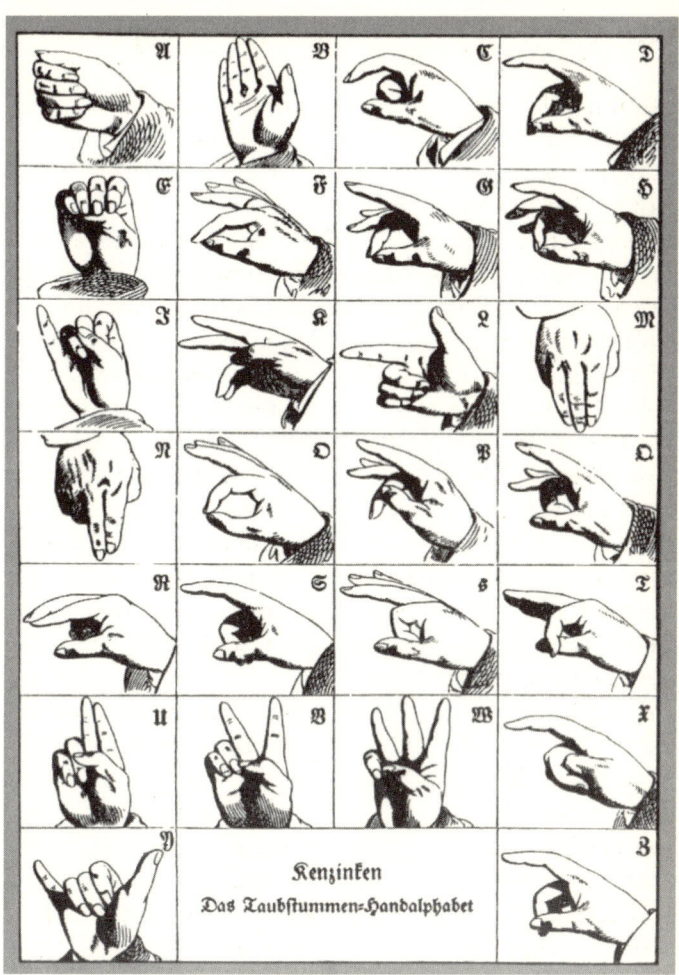

Kenzinken

Das Taubstummen=Handalphabet

X — Hier gibt's was.

O — Nichts zu machen.

Ⓘ — Inhaber dieses Hauses ruft die Polizei.

⊙ — Hier erhält man Geld.

|||| — Hausinhaber gibt nur gegen Arbeitsleistung.

▢ — Hier wird nichts gegeben.

⅄ — Hier wohnen Frauen, die sich leicht beschwatzen lassen.

∨ — Bissiger Hund ist hier!

〰 — Bissiger Hund!

▦ — Gefängnis droht.

⌸ — Die Leute lassen sich einschüchtern.

‡‡ — Wohnung eines Polizisten.

Bettler- und Hausiererzinken

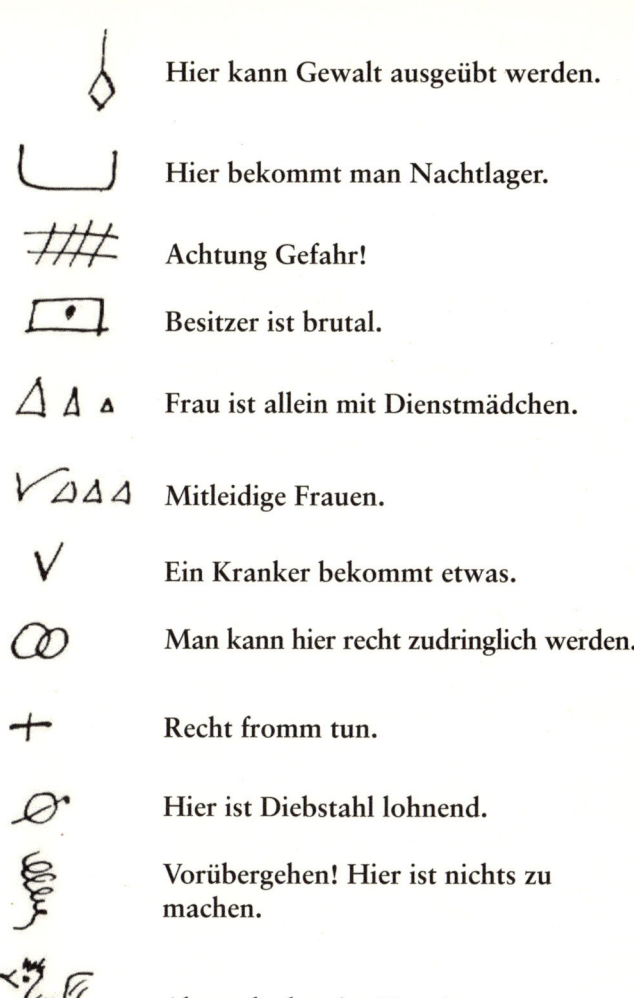

Hier kann Gewalt ausgeübt werden.

Hier bekommt man Nachtlager.

Achtung Gefahr!

Besitzer ist brutal.

Frau ist allein mit Dienstmädchen.

Mitleidige Frauen.

Ein Kranker bekommt etwas.

Man kann hier recht zudringlich werden.

Recht fromm tun.

Hier ist Diebstahl lohnend.

Vorübergehen! Hier ist nichts zu machen.

Alarmglocken im Haus!

Bettler- und Hausiererzinken

Zeittafel
Die wichtigsten Daten der »Räuberzeit«

1761   Matthias Klostermayer, »Bayrischer Hiesel«, geb. 1736, gründet eine Wildschützenbande.

1768   Die Bande des Jakob Reinhard, »Hannikel«, überfällt das Haus des Cerf Moses in Mittelbronn. Vier verdächtige Bürger werden unschuldig zum Tode verurteilt, drei zu Galeerenstrafe. Der Justizirrtum wird erst nach 18 Jahren, im Hannikel-Prozeß, aufgeklärt.

1771   300 Soldaten jagen den Bayrischen Hiesel. Nach zweistündigem Feuergefecht Gefangennahme, am 6.9. Hinrichtung (Rad) in Dillingen.

1774   Damian Hessel, »Studentchen«, in Paderborn geboren

1780   Graf Schenk von Castell (1736-1821) errichtet in Oberdischingen ein eigenes Zuchthaus. Als »Malefizschenk« spezialisiert er sich auf Gaunerfang.

1782   Uraufführung »Die Räuber« von Friedrich Schiller

1783   Johannes Bückler, »Schinderhannes«, in Mühlen geboren

1785   Erstes Auftreten der »Niederländischen Bande«; später vorwiegend am Mittelund Niederrhein tätig (bis 1805); »Stammvater« Jacob Moyses; Bosbek und Picard als erste »Chefs«.

1786   Schillers »Verbrecher aus verlorener Ehre« erscheint. Hannikel wird in der Schweiz gefangen und nach Sulz transportiert.

1787	Erste Steckbriefliste des Oberamtmanns Schäffer von Sulz (1745-1805) in Zusammenarbeit mit dem »bekehrten« Räuber »Konstanzer Hans«. Hannikel und Gefährten hingerichtet.
1789	Französische Revolution; Erklärung der Menschenrechte; »Räubernester« der Niederländischen Bande in Neuss und Krefeld
1792	Einmarsch der Revolutionstruppen in deutsche Länder.
1793	In Mainz (Mayence) erste Republik auf deutschem Boden proklamiert; Ideen der Französischen Revolution (Freiheit, Gleichheit, Brüderlichkeit) in ganz Europa wirksam; Ludwig XVI. (»Bürger Capet«) mit Guillotine (vom Arzt Guillotin erfundenes Fallbeil zur Humanisierung der Todesstrafe) geköpft.
1794	Matthias Weber, »Fetzer«, geb. 1778, beginnt seine Räuberlaufbahn: Überfall auf einen Postwagen.
1795	Abtretung der linksrheinischen Gebiete an Frankreich.
1796	Mersen wird »Zentrale« der Niederländer. Überfälle der »Mersener Bande«.
1797	Raubüberfall auf das Haus des Pfarrers Pithan in Mülheim. Die »Mersener« täuschen einen Angriff französischer Marodeure vor.
1798	Zentrale Organisation der vier Rheindepartements nach französischem Muster. Das Räuberleben wird schwieriger: zentrale Polizeigewalt, öffentliche Ankläger, Friedensrichter und

Geschworenengerichte. Die Räuber weichen in rechtsrheinische Gebiete aus. Neuwied wird neue Räuberresidenz. Die Niederländer verschmelzen mit den Krefelder und Neusser Räubern zur »Neuwieder Bande«. C. A. Vulpius veröffentlicht den Räuberroman »Rinaldo Rinaldini«.

1799   Postraub zu Langenfeld. »Oberdischinger Diebsliste« des Grafen Schenk von Castell gedruckt.

1800   Konferenz von Wetzlar. Zwölf rechtsrheinische Regierungen beschließen gemeinsame Maßnahmen gegen Räuberbanden, u.a. Verschärfung der Passgesetze. »General-Jauner-Liste« (3000 Namen) des Hofrats Roth in Emmendingen. Mordbrand in Düdeling; Mersener Bande unter Damian Hessel.

1801   Jeanbon St. André wird Generalkommissar der vier linksrheinischen Departements. Jagd auf den Schinderhannes verschärft sich. Der Öffentliche Ankläger, Bürger Anton Keil, übernimmt als Leiter einer »Geheimen Kommission« die Verfolgung der Banditen. Schinderhannes will das Räuberleben aufgeben, wechselt aufs rechte Rheinufer über.

1802   »Spezialgerichte« linksrheinisch, Militärgerichtsverhandlung ohne Verteidigung, gegen das Urteil ist keine Berufung möglich. Zusammenarbeit auch mit den rechtsrheinischen Staaten. Vereinbarung zwischen der russischen und der preußischen Regierung: Banditen werden in die Bergwerke nach Sibirien deportiert. Schinderhannes und Fetzer werden gefangen und in Mainz bzw. Köln vor Gericht gestellt.

1803   Reichsdeputationshauptschluss; Auflösung der Kleinstaaten, Neugliederung Deutschlands beginnt. Der Code Civil, das neue Gesetzbuch der Franzosen (auch Code Napoleon genannt) beeinflusst zunehmend das Rechtsempfinden und die Gesetzgebung der Welt (Abschaffung der Privilegien, Gleichheit vor dem Gesetz, Gleichberechtigung der Juden, persönliche Freiheit).

19. 2.   Matthias Weber, »Fetzer«, in Köln guillotiniert.

21. 2.   Johannes Bückler, »Schinderhannes«, mit 19 Kameraden in Mainz hingerichtet.

1804   Kaiserkrönung Napoleons

1806   Rheinbund. Ende des Reiches. Modernisierung der Verwaltung unter dem Diktat Napoleons. Behörden und Polizei arbeiten effektiver. Zusammenarbeit der Staaten. Modernes Bankwesen, bargeldloser Geldverkehr und Kreditwirtschaft lösen Geld- und Goldtransporte per Postkutsche ab. Das Räuberleben wird unrentabel und immer gefährlicher. Reste der großen Banden tauchen in Städten oder in Wäldern unter. Nur noch vereinzelte Vagantengruppierungen im Odenwald, Spessart, am Vogelsberg und in der Wetterau (Hölzerlips, Mannefriedrich, Schwarzer Peter, Grasmann u.a.) Bagatelldelikte: Einbruchdiebstähle in Keller, Mundraub u.ä. 1807 Beginn der Reformpolitik in Preußen Stein, Hardenberg, Humboldt.

1807   Dr. Ludwig Aloys Pfister Oberamtmann in Schwetzingen

1809	Meisterdieb Damian Hessel, »Studentchen«, im Holzturm zu Mainz gefangen. Untersuchungsrichter ist Georg Friedrich Rebmann.
1810	Dr. Ludwig Pfister wird Großherzoglich Badischer Stadtdirektor in Heidelberg.
1811	Damian Hessel hingerichtet. 1. Mai Raubüberfall auf eine Kutsche zwischen Laudenbach und Hemsbach (Bergstraße) durch die Vaganten um Georg Philipp Lang, genannt »Hölzerlips«.
1812	Napoleons Niederlage in Russland. Hinrichtung der »Hölzerlipsbande« nach Schauprozess in Heidelberg.
1813	Deutsche Freiheitskriege
1815	Wiener Kongress. Ende der Ära Napoleons und der »Räuberzeit«.

Vermischte Anzeigen.

In den ersten Tagen nach der Hinrichtung
der Raubmörder wird die Presse verlassen:

Aktenmäßige Geschichte

der

Räuberbanden

an den

beyden Ufern des Mains, im Spessart
und im Odenwalde.

Zweyter Theil.

Enthaltend vorzüglich auch
die Geschichte der weitern Verhaftung, Verur-
theilung und Hinrichtung der Mörder des Han-
delsmanns Jacob Rieder von Winterthur.

Nebst einer neuern Sammlung und Verdollmet-
schung mehrerer Wörter aus der Jenischen oder
Gauner-Sprache.

Von
Herrn Stadtdirector Pfister
zu Heidelberg.

Heidelberg bey Gottlieb Braun.

MICHAIL KRAUSNICK

Der Pfälzer Al Capone
Ein biografischer Roman

212 Seiten; 12,80 Euro

Ende der 50er Jahre sorgte er als *Al Capone von der Pfalz* für Schlagzeilen: Bernhard Kimmel, berüchtigt als der „erfolgreichste Tresorknacker der Adenauer-Ära". In einem biografischen Roman erzählt Michail Krausnick die Entwicklung eines Mannes, dessen Taten einst die Republik erregten. Was als romantisches Räuber- und Gendarm-Spiel und jugendliches Aufbegehren begann, endete in Schuld und lebenslanger Haft. Erzählt wird zugleich ein Stück Zeitgeschichte: eine Kindheit und Jugend in den Kriegs- und Nachkriegsjahren, außergewöhnlich und symptomatisch für die Zeit der Halbstarken und Frühreifen, der Alt-Nazis und Wirtschaftswunderbäuche. Der legendäre Bandenchef ist heute ein von seiner Schuld gezeichneter Mann, der über 30 Jahre hinter Gefängnismauern verbüßte und schließlich in künstlerischer Arbeit eine neue Perspektive fand.

Michail Krausnick zeichnet in klarer, fesselnder Sprache die Biographie dieses „Räubers unserer Tage" nach. Fasziniert verfolgt der Leser den zweifelhaften Aufstieg des jungen Bernhard Kimmel zum meistgesuchten Gangster der Republik. Krausnick gelingt es, einem Stück Zeitgeschichte Atem einzuhauchen und die psychologischen Hintergründe aufzudecken.
(Mannheimer Morgen)

„Al Capone und Hilly im Pfälzer Wald" – Eine Story wie aus dem Kino. Spannende Zeitgeschichte; ein packendes Zeitpanorama der Kriegs- und Nachkriegsjahre.
(Rhein-Neckar-Zeitung)